SEJA UM
FABRICANTE DE
OPORTUNIDADES

CARO LEITOR,
Queremos saber sua opinião sobre nossos livros.
Após a leitura, siga-nos no **linkedin.com/company/editora-gente**,
no TikTok **@EditoraGente** e no Instagram **@editoragente** e
visite-nos no site **www.editoragente.com.br**.
Cadastre-se e contribua com sugestões, críticas ou elogios.

Boa leitura!

CLAUDIO SANTOS

SEJA UM FABRICANTE DE
OPORTUNIDADES

Diretora
Rosely Boschini

Gerente Editorial Sênior
Rosângela de Araujo Pinheiro Barbosa

Editora Pleno
Audrya de Oliveira

Assistente Editorial
Mariá Moritz Tomazoni

Produção Gráfica
Fábio Esteves

Preparação
Carlos Silva

Capa
Márcia Matos

Imagem de capa
Shutterstock

Projeto Gráfico e Diagramação
Vivian Oliveira

Revisão
Wélida Muniz
Bruna Fontes

Impressão
Santa Marta

Copyright © 2024 by Claudio Santos
Todos os direitos desta edição
são reservados à Editora Gente.
Rua Natingui, 379 – Vila Madalena
São Paulo, SP – CEP 05443-000
Telefone: (11) 3670-2500
Site: www.editoragente.com.br
E-mail: gente@editoragente.com.br

Dados Internacionais de Catalogação na Publicação (CIP)
Angélica Ilacqua CRB-8/7057

Santos, Claudio
    Seja um fabricante de oportunidades : aprenda a enxergar e construir as melhores rotas para conquistar prosperidade na vida, na carreira e nos negócios / Claudio Santos. - São Paulo : Autoridade, 2024.
    192 p.

ISBN 978-65-6107-000-3

1. Desenvolvimento pessoal 2. Sucesso 3. Superação 4. Empreendedorismo I. Título

23-6646   CDD 158.1

Índice para catálogo sistemático
1. Desenvolvimento pessoal

NOTA DA PUBLISHER

Navegar pelas fases da vida é, sem dúvida, enfrentar um cenário de incerteza, instabilidade e muitos altos e baixos. Não são poucas as situações que acreditamos ser impossíveis de superar, quando nos vemos em uma realidade em que não desejamos figurar.

Quando Claudio Santos nasceu, ele também se deparou com uma realidade na qual não gostaria de permanecer, um cenário de escassez e pouquíssimas perspectivas de melhora. Ainda assim, ele determinou que nada o impediria de conquistar melhores chances na vida, e efetivamente colecionou uma trajetória incrível de superação, realização e prosperidade. O segredo? Ele descobriu, logo cedo, que quando os caminhos desejados não chegam até nós, é possível tecer melhores oportunidades para alcançar o que almejamos.

Este livro, então, presenteia o leitor com uma metodologia testada, validada e de resultados reais, que o ajudarão a entender como fabricar as oportunidades que deseja na vida, na área pessoal ou profissional – afinal, tudo o que vivemos é um entrelaçado das nossas conquistas, e sempre desejamos o melhor em todas as nossas perspectivas.

Ao longo destas páginas, você encontrará não apenas um autor, mas também um mentor, empreendedor, filho, pai e marido excepcional, extremamente conectado com seus valores e propósitos. Genuíno e completamente comprometido com o desenvolvimento das pessoas, Claudio traz para este livro mais do que um passo a passo, mas um olhar holístico sobre como é possível fabricarmos as chaves para as portas que aparentemente não estavam destinas a serem abertas para nós, ressignificando, assim, o nosso verdadeiro papel diante da construção de nosso futuro.

Prepare-se para uma leitura transformadora que não apenas ampliará sua visão, mas o guiará na jornada para se tornar um verdadeiro fabricante de oportunidades. Este livro é mais do que uma fonte de inspiração; é um manual prático para aqueles que desejam trilhar um caminho de crescimento e sucesso duradouros.

Boa leitura!

Rosely Boschini
CEO e Publisher da Editora Gente

Dedico cada página deste livro para meus amores: minha mãe, Marlene; minha esposa, Janaina; meu filho, Vinicius; minha neta, Louise; e meus irmãos Marcos, Walter, Alexsandro (Pafuh) e Fabiana. Eles são a motivação maior dos meus passos. A meus amigos de infância, a turma da Rotary, minha turma da ETFAL, meu time Next Opinion Brasil e Portugal, meus "irmãostugas" Filipe Madeira, Nuno Mendonça e Miguel Silvestre, que sempre acreditaram neste maluco aqui, e meus "irmãos zucas" Solano Melo, Dagoberto Omena e Auro Granja. E, também, àqueles que veem possibilidades onde outros veem obstáculos, e que encontram inspiração na jornada de transformar sonhos em realidade. Que este livro seja um farol em sua busca por oportunidades e um lembrete de que, com criatividade e determinação, somos todos fabricantes do nosso próprio destino.

AGRADECIMENTOS

Gostaria de expressar minha mais profunda gratidão a todos que tornaram este livro possível. A toda minha família e aos meus amigos, pelo apoio incondicional e pela inspiração constante, em especial as mulheres da minha vida: à minha mãe, dona Marlene, a vovó general, a minha primeira mentora, que me forjou na dureza da vida com um farol de esperanças; à minha companheira de jornada e parceira de alma, minha esposa Janaina – sem seu sim para nossa história eu não seria o cara que sou hoje; ao meu filho e à minha neta, Vinícius e Louise, a quem, com muito orgulho, entrego o meu legado, na esperança de devolver um mundo um pouco melhor do que aquele que recebi; aos colegas e mentores, cujas ideias e sabedoria enriqueceram profundamente estas páginas; aos membros dos meus times e parceiros de projetos/negócios – em especial minha amiga Conceição Albuquerque, por ter sido uma das primeiras pessoas a acreditar no meu trabalho –, pela confiança que depositaram em mim; e, especialmente, aos leitores, cuja sede de conhecimento e paixão por crescimento pessoal e profissional são a verdadeira força motriz por trás desta obra. Este livro é dedicado a cada um de vocês, que são os verdadeiros fabricantes de oportunidades em suas próprias vidas.

prefácio
DE JOÃO KEPLER — **12**

apresentação
DE MAURICIO BENVENUTTI — **16**

introdução — **20**

capítulo 01
TRÊS VILÕES E UM DESTINO — **30**

capítulo 02
O IMPOSSÍVEL NÃO É UM FATO — **40**

capítulo 03
UM CENÁRIO HOSTIL — **50**

capítulo 04
A RESPOSTA QUE POUCOS CONHECEM — **60**

capítulo 05
VISÃO ALÉM DO ALCANCE — **70**

capítulo 06
VALORIZE O CONHECIMENTO,
NÃO OS TÍTULOS — **84**

capítulo 07
ABRIR PORTAS E FECHAR NEGÓCIOS — **94**

capítulo 08
GENEROSIDADE DÁ LUCRO — **106**

SUMÁRIO

capítulo 09
ADOTE MENTORES — **116**

capítulo 10
APRENDA COM OS ERROS...
DOS OUTROS! — **126**

capítulo 11
CONTRATE A SUA SÍNDROME
DO IMPOSTOR — **136**

capítulo 12
SURPREENDA! — **146**

capítulo 13
O PODER DAS PEQUENAS VITÓRIAS — **156**

capítulo 14
PROPORCIONE OPORTUNIDADES — **166**

capítulo 15
ACEITE O CONVITE PARA SER
MAIOR DO QUE VOCÊ JÁ É — **176**

capítulo 16
PARA TERMINAR (LEIA ANTES
DE FECHAR ESTE LIVRO) — **186**

prefácio

Quando nos deparamos com os desafios da semeadura da vida, existe um fator muito mais dolorido do que a falta de oportunidade: a cegueira que nos impede de desbravar o desconhecido e nos mantêm na trilha pré-defina pelo destino.

Se eu tivesse seguido o caminho que me cabia, jamais teria me tornado quem sou hoje, muito menos arriscado fazer um investimento-anjo. Nesse sentido, me conecto profundamente com o espírito empreendedor que Claudio Santos possui, pois somente aqueles com coragem para arriscar conquistar mais do que têm alcançam a prosperidade.

Quantas conquistas maravilhosas você já deixou de obter porque faltou uma iniciativa, um ato de coragem, que o fizesse mudar sua direção? Você provavelmente já se deparou com certos casos em que pensou "Eu poderia ter feito isso", e poderia mesmo, mas a atitude que lhe faltou encontrou outra pessoa que tomasse a ação.

Portanto, estou aqui para lhe impulsionar rumo a um movimento sem volta, que ampliará seus horizontes e o levará a alcançar patamares nunca imaginados. Seja você CLT, concursado, trabalhador independente ou empreendedor, a metodologia que este livro ensina o levará a compreender que podemos ousar, sonhar e faturar mais.

Ao abrir estas páginas, mergulhamos de cabeça em uma ferramenta prática para todos que desejam se tornar protagonistas de suas próprias histórias. Claudio nos conduz por uma jornada de autoempoderamento, destacando a importância de enfrentar o medo do desconhecido, de desafiar a rigidez do sistema educacional e de construir redes de relacionamento sólidas e expansivas.

Embarque nessa leitura se você deseja transcender limites, ampliar horizontes e agarrar as oportunidades que a vida oferece. Esteja preparado para desaprender, reimaginar e reinventar. Que esta seja uma semeadura muito frutífera de realizações e prosperidade para você.

Boa leitura!

João Kepler
é escritor, anjo-investidor, conferencista, apresentador de TV, podcaster e pai de empreendedores. Especialista na relação empreendedor-investidor, foi premiado quatro vezes como o Melhor Anjo-Investidor do Brasil pelo Startup Awards. É CEO da Bossanova Investimentos, que realizou mais de 1.500 investimentos em startups nos últimos seis anos. Está conectado com o que há de mais inovador no mundo dos negócios e é conselheiro de várias empresas e entidades, além de autor de diversos livros.

Quantas conquistas maravilhosas você já deixou de obter porque faltou uma iniciativa, um ato de coragem, que o fizesse mudar sua direção?

apresentação

Romper com as barreiras do jogo da vida já é bastante desafiador; agora imagine ousar crescer, faturar e prosperar abundantemente. Acredite, é possível, mas demanda estratégia – e é exatamente o que você encontrará neste livro.

Estar próximo de um ambiente criativo como o Vale do Silício, que é berço e base de grandes empresas revolucionárias, possibilita questionar o *statu quo* das situações, principalmente daquilo que bloqueia o nosso fluxo de crescimento. Esse ambiente inovador, empreendedor e tecnológico faz parte de um movimento que não apenas questiona, mas toma a atitude de criar iniciativas que movimentem a vida, buscando alternativas, resultados, ganhos e propósitos diferentes dos em roga. Isso não significa, no entanto, que a falta de acesso a um espaço desses impeça o desenvolvimento da sua vida e do seu negócio, e é justamente isso que Claudio Santos ensina aqui. Tudo começa com uma ideia, um olhar e um novo jeito de lidar com desafios. É questionando que conseguimos criar e aproveitar novas oportunidades! Somente assim você também figurará nesse espaço rico, destacando sua empresa e suas ideias.

Essa atitude – esse modo de viver, digamos assim – está presente em tudo o que nos propomos a fazer e que extrapole o "comum". Eu, por exemplo, como autor de grandes best-sellers, sempre me comprometo a criar eventos em todo o Brasil para promover meus lançamentos. Quando estava à procura de um parceiro na visita à Maceió, Claudio se ofereceu para me ajudar. Nós mal nos conhecíamos, mas fui recebido no aeroporto por ele e seu filho, e ele não apenas permaneceu comigo durante todo o dia como organizou o evento e me deu todo o suporte necessário. Isso foi extremamente marcante, pois ali eu conheci uma pessoa que deu a volta por cima em todas as situações que a vida lhe impôs justamente por ter essa visão empreendedora, que enxerga além das paredes à sua volta e entrega genuinamente muito mais do que o esperando, abraçando e se comprometendo com qualquer projeto a que se dedica, mesmo quando envolve alguém que não conhece.

Sendo esse estrategista visionário que tem a certeza de que é possível gerar mudanças onde não há esperança, Claudio entrega neste livro não um passo a passo, mas uma mudança de mentalidade em relação à nossa responsabilidade diante do que temos e teremos na vida. *Seja um fabricante de oportunidades* trará a você um novo olhar e fará com que também comece a agir e pensar como um empreendedor, concretizando os seus mais ousados sonhos e assumindo o protagonismo diante do futuro.

Mauricio Benvenutti
é empreendedor, escritor, palestrante e sócio da StartSe,
que oferece cursos, eventos e imersões internacionais
voltadas para empreendedorismo e inovação.

Tudo começa com uma ideia, um olhar e um novo jeito de lidar com desafios.

introdução

Na minha infância, eu era doido por futebol. Mas nunca fui bom de bola. *Bem, eu não era tão ruim assim* – pelo menos *eu* não achava. Não ser *tão ruim*, porém, não era o suficiente para me colocarem para jogar nos times dos campeonatos do bairro onde eu morava, lá no Farol em Maceió. E eu ficava frustrado, vendo os meninos se divertirem no campo.

Até que tive uma grande ideia: vou ter o meu próprio time. Daí com certeza vou jogar! Só tinha o *pequeno problema* de não ter dinheiro para comprar os uniformes.

Coloquei a cabeça para funcionar e elaborei um plano. Descobri que tinha um time chamado Flamengo *(sim, era o mesmo nome do Flamengo carioca)* que queria vender as camisas do ano anterior. Chamei meus irmãos, que também eram pernas de pau como eu, e colocamos o plano infalível em ação. A ideia era vender bolas de gude, garrafas, livros e tudo o mais que pudesse ser vendido para juntarmos dinheiro e comprar as camisas usadas.

Foi uma força-tarefa divertida e, no final, conseguimos. Tínhamos o *nosso* Flamengo. Só tinha um detalhe: as camisas já estavam bastante desbotadas de tão usadas, quase não tinham mais listras... Mas o que importa?

Virei o cartola, o dirigente oficial do time. E, a partir daí, sempre me deixavam jogar os dez ou quinze minutos iniciais de cada jogo.

Eu contei essa história aqui para dizer que, desde muito cedo, aprendi que quando não temos oportunidades, precisamos fabricá-las.

Foi o que eu fiz lá atrás, ainda criança. E essa foi só a primeira vez em que eu fabriquei uma oportunidade.

Do -2 ao topo

Muita gente começa do zero e muda de vida, não é verdade? Pois eu digo que comecei do menos dois. Nasci em um mundo difícil e com uma situação socioeconômica que não me oferecia muitas oportunidades. Ou, talvez, não oferecia *nenhuma* oportunidade.

Filho da dona Marlene, que aos 29 anos se viu sozinha na vida com quatro filhos para criar, cresci em uma casa simples, com apenas dois quartos, um deles ocupado por mim e meus irmãos em dois beliches. Teve uma época que não tínhamos televisão e nos empoleirávamos na janela do vizinho para assistir à programação – até que ele se irritava e fechava a janela na nossa cara.

Mas também foi uma época boa. Pobreza não é sentença! Éramos muito unidos e felizes na nossa simplicidade. E é daquela época que vieram muitos dos aprendizados que levei para o empreendedorismo e me fizeram fabricar as oportunidades que mudaram a minha história.

Minha mãe sempre falava: "quem nasce grande é filho de elefante. Tem que começar e dar um passo de cada vez para você chegar aonde quer". Olhando para trás, percebo que foi aí que compreendi que não devemos nos limitar pelo lugar em que nascemos ou pelas nossas condições. E, assim, fui mudando pouco a pouco o destino para o qual eu tinha sido predestinado, um passo de cada vez, como dizia a dona Marlene.

Ao longo da minha vida, fabriquei várias oportunidades que me fizeram ser quem sou hoje – um empresário bem-sucedido com orgulho, proprietário da empresa Next Opinion, que atua na área educacional e tecnológica, com negócios no Brasil e em Portugal, e que conta com mais de quarenta funcionários.

Lembro muito bem de quando eu era menino e queria ser astronauta. Mas, estranhamente, passei a me interessar mais pelo foguete e por como eu poderia ganhar dinheiro com ele do que com a profissão em si.

Não devemos nos limitar pelo lugar em que nascemos ou pelas nossas condições.

@claudio_saints

Eu era uma criança meio estranha mesmo. Não aprendi a andar de bicicleta, preferia ler e fazer meus planos mirabolantes. No final da adolescência, consegui comprar o meu primeiro carro sem nem saber dirigir. Eu pensava: o mais difícil é comprar o carro, saber dirigir é detalhe!

Nunca me incomodei em ser "tachado" de sonhador. Pelo contrário, achava até um elogio. Quando eu tinha um problema, passava dias ponderando, estudando e até ensaiando como vencê-lo.

Minha vida nunca teve Plano B, o Plano A precisava dar certo porque eu não tinha muitas opções, e isso tornava muitas das minhas decisões irreversíveis.

Especialista em recomeços

Além de empreendedor desde que me entendo por gente, *sou especialista em recomeços*.

Aos 22 anos, depois de ter superado vários obstáculos, já tinha a minha primeira loja de informática. Aos 28, quebrei por causa da alta repentina do dólar. Recomecei e me tornei representante comercial da Xerox do Brasil. Depois de dois anos, a empresa mudou a estratégia e perdi o trabalho. Mais um abalo, novo recomeço. E me tornei consultor na área educacional, um setor sobre o qual eu não entendia nada, mas aceitei o desafio mesmo assim.

Aprendi muito, consegui destaque e, depois de dez anos de crescimento, quando eu achava que estava finalmente estabelecido, *sofri o pior dos revezes da minha vida*: recebi a notícia de que meu filho Arthur, de apenas 6 anos, estava com câncer.

O mundo desmoronou sobre a minha cabeça. Foram três anos de muita luta pela vida do meu doce garotinho que amava e entendia tudo de dinossauros, mas, depois de me dar um último abraço e seu derradeiro suspiro, ele se foi em meus braços.

Dessa vez, o recomeço foi o mais difícil de todos, confesso.

Foi difícil encontrar sentido ou propósito em qualquer coisa. Engordei, cheguei a pesar mais de 130 quilos, pois tentava enganar a dor com qualquer coisa que me preenchesse.

INTRODUÇÃO

No entanto, a luta do meu filho e sua grandeza com tão pouca idade me fizeram, mais uma vez, dar a volta por cima e criar o Instituto Arthur Amorim, para ajudar crianças com câncer.

De recomeço em recomeço, entendi que a vida vale a pena ser vivida e que as oportunidades se fabricam. É por isso que estou aqui, escrevendo um livro sobre fabricar oportunidades.

E empreendedor é assim mesmo, é gente esquisita!

Gente que troca o *supostamente* certo pelo duvidoso, que prefere a incerteza do lucro no negócio ao salário garantido no fim do mês. Prefere assumir a responsabilidade pelos fracassos sem ter como dividir ou terceirizar a culpa. Aceita todas as dores pela vontade de viver seus sonhos. Isso não é coisa de gente estranha?

Estranho ou não, só sei que não sou ninguém especial nem fora da curva. Não sou mais inteligente ou esperto que você, que está lendo estas páginas agora. Só aprendi bem cedo a não me limitar pelas circunstâncias que me foram apresentadas nem aceitar o que o "destino" tinha reservado para mim.

Uma vida sem sonhos

Quantas pessoas talentosíssimas você conhece que, por algum motivo, vivem uma vida conformada, pequena, tão pequena que se recusam até a sonhar com algo diferente e melhor? Essa é a realidade de grande parte dos brasileiros. São pessoas que se acomodaram em suas vidinhas, que se acostumaram com a infelicidade. Dizem que por "falta de oportunidade". Sim, entre aspas mesmo. Acredito que as oportunidades são o que fazemos com o que nos acontece, mas falaremos disso mais à frente.

Por que essas pessoas não podem criar sua própria história? Por que, para elas, os dias se sucedem e as coisas acontecem como se tudo fosse predestinado a ser assim ou assado? Será mesmo que biografia é destino?

Mas sabe de uma coisa? Também não posso culpá-las por pensarem assim. Infelizmente, elas cresceram em um país que até incentiva o "se contentar com pouco". É como se houvesse uma caixinha que elas pudessem ocupar, mas sem a possibilidade de trocar de formato ou de tamanho. E isso vem de anos e anos de um ensino limitador e ultrapassado, séculos de desigualdade social e outros problemas estruturais da nossa educação e cultura.

A boa notícia é o que eu apresento agora neste livro. Eu saí da minha caixinha. E mais: experimentei várias outras, de diferentes cores, formatos, alturas até encontrar aquela em que eu me encaixava perfeitamente.

Hoje sei que todos podem fazer isso por suas vidas e carreiras, e esta é a minha missão: mostrar às pessoas que elas podem ser e fazer o que quiserem, que não precisam se limitar pelas circunstâncias. Depois de construir um legado, de ter me tornado empresário e proprietário de uma empresa binacional com negócios transatlânticos, sinto que tenho obrigação de devolver o que a vida fez por mim, ensinando o método que desenvolvi para "chegar lá". É o meu jeito de deixar esse mundo um pouco melhor do que encontrei.

Rompendo os limites

Neste livro, compartilharei com você os princípios que me permitiram romper com meus limites, ampliar meus horizontes e abraçar as oportunidades que fabriquei no meu caminho. Minha jornada, na prática, me concedeu a autoridade e o conhecimento para escrever estas páginas. Minha história foi escrita enquanto eu vivia.

Este livro é sobre isso.

Não é um livro com histórias tristes, não. É um livro que fala dos *segredos e das estratégias que aprendi ao longo da minha trajetória como empreendedor*. Acredito piamente que o empreendedorismo pode mudar o mundo, e estou aqui para mostrar como você pode se tornar um verdadeiro fabricante de oportunidades.

O diferencial deste livro está na abordagem prática e realista que oferece. Não se trata de teoria motivacional vazia, mas, sim, de um método testado e aprovado na minha jornada e também com base nas trajetórias de muitos empreendedores que ousaram desafiar o destino que lhes foi imposto.

INTRODUÇÃO

Convido você a trilhar o caminho que eu mesmo percorri e, assim, descobrir uma maneira autêntica e prática de viver o empreendedorismo.

Em cada capítulo, você encontrará ensinamentos únicos, repletos de insights, estratégias e exemplos de pessoas que transformaram a própria vida ao seguir este método. Vou guiar você desde o ponto em que está agora até o seu destino final (aquele que *você* escolher), com as ferramentas necessárias para fabricar as suas próprias oportunidades.

O segredo deste método está em sua simplicidade e dinamismo. Parece óbvio, mas a determinação e a constância nos passos dessa jornada são o que torna esse processo transformador e inovador. Estou aqui para compartilhar as chaves que abrirão as portas para um futuro de sucesso e realização.

Gosto muito de um poema do autor inglês William Ernest Henley, escrito em 1875 e publicado inicialmente em 1888 em *A Book of Verses*.[1] *Invictus* inspirou ninguém menos que Nelson Mandela – o maior símbolo da luta contra o Apartheid na África do Sul –, em seus dias mais difíceis durante o período que passou em Robben Island, prisão onde o líder sul-africano cumpria pena de trabalhos forçados.

Abaixo, o poema traduzido por André Carlos Salzano Masini:[2]

Do fundo desta noite que persiste
A me envolver em breu – eterno e espesso,
A qualquer deus – se algum acaso existe,
Por minha alma insubjugável agradeço.
Nas garras do destino e seus estragos,
Sob os golpes que o acaso atira e acerta,
Nunca me lamentei – e ainda trago
Minha cabeça – embora em sangue – ereta.
Somente o Horror das trevas se divisa;
Porém o tempo, a consumir-se em fúria,

---

[1] HENLEY, W. **A Book of Verses**. London: David Nutt, 1888.
[2] HENLEY, W. "Invictus". *In:* MASINI, A. (comp.). **Pequena coletânea de poesias de língua inglesa**: apresentada a brasileiros, em edição bilíngüe, com comentários e notas. [s.l]: [s.n], 2000.

Não me amedronta, nem me martiriza.
Por ser estreita a fenda – eu não declino,
Nem por pesada a mão que o mundo espalma;
Eu sou o senhor de meu destino;
Eu sou o capitão de minha alma.

Esse é o enredo do empreendedor de verdade. Daquele empreendedor raiz que começa do zero, cheio de reveses, sem recursos, heranças, sobrenomes importantes, regalias ou qualquer coisa do tipo. Aquele, como eu e você, que vive em um eterno retroalimentar de esperança e automotivação, que não tem tempo para vitimização ou traumas, que escolhe todos os dias ter esperança e acreditar nas oportunidades.

Convido você a continuar comigo nas próximas páginas, com a confiança de quem está prestes a embarcar em uma jornada de autodescoberta, crescimento e conquistas que levam a lugares incríveis. Prepare-se para uma transformação que vai impactar todos os aspectos da sua vida e permitir que você se torne um verdadeiro *fabricante de oportunidades*.

Quem fabrica as próprias oportunidades não fica sentado esperando o amanhã acontecer: arregaça as mangas, olha em frente, rompe seus limites e cria para si um futuro brilhante. Oportunidade não é sorte, muito menos caridade, é atitude!

Chegou o momento de dar o primeiro passo rumo a um futuro extraordinário. Vamos juntos nessa jornada de criação e conquista. O sucesso o aguarda nas páginas a seguir. E eu espero você no primeiro capítulo da mudança da *sua* história!

INTRODUÇÃO

Você já deve ter percebido que este não é um livro comum, portanto eu não poderia deixar que a sua jornada se resumisse ao tempo de leitura, porque não seria o suficiente. Por isso, estou dando a você a oportunidade de vivenciar tudo o que este livro apresenta de modo muito mais intenso.

Para isso, preparei uma jornada gamificada que lhe permite provar seus conhecimentos e ter acesso a conteúdos exclusivos.

Ao acessar o QR Code e se cadastrar, você terá acesso a atividades e desafios que vão proporcionar uma jornada muito mais provocante, engajada e transformadora, acompanhando a sua evolução na leitura no seu desenvolvimento pessoal.

Vamos começar? Acesse o QR Code e dê início a essa jornada:

https://qrco.de/fabricante00

Três vilões
e um destino

capítulo 01

Permita-me lhe apresentar o Fábio.

Até o final deste livro, você vai conhecê-lo profundamente. Talvez se reconheça em trechos de histórias dele e, no final, verá que até poderiam ser grandes amigos.

Decidi contar a história dele porque acredito que ela se encaixa em muito do que vou explicar aqui. Assim, talvez, você consiga compreender melhor cada passo que proponho para que seja um fabricante de oportunidades na sua vida e na vida das outras pessoas. Desse modo, com certeza, você conseguirá empreender com propósito e sucesso.

Fábio é um cara supertalentoso. Veio de baixo, como se diz. Não teve parentes importantes, é apenas um brasileiro que luta todos os dias por um melhor lugar ao sol.

De família trabalhadora e com poucos recursos desde sempre, ouviu o tempo inteiro que, para mudar de vida, só tinha duas saídas: encontrar um bom emprego com carteira assinada, o que lhe daria uma aposentadoria mais tarde, ou passar em um concurso público com um salário certo mais todas as garantias de estabilidade, segurança, férias e uma velhice sem surpresas.

E foi o que ele fez.

Com muito esforço, conseguiu se formar com notas boas na faculdade de contabilidade – apesar de não ser a que ele queria, era a única que dava para pagar. Seu sonho mesmo era ser empresário, ter seu próprio negócio. Ele sonhava alto desde a infância!

Mas sonhar assim não é coisa para pobre, pensava, acreditando no que lhe diziam. Era melhor garantir o certo. Quando se formou, conseguiu um emprego em uma empresa da cidade, com um salário que mal dava para pagar as contas. Fazer o quê? Era o que tinha.

Ficou na empresa por um bom tempo, conseguiu um pequeno aumento de salário e esperava impacientemente por uma promoção para subir de cargo e poder, quem sabe, trocar de carro e matricular a filha em uma escola melhor, mais perto de casa.

Até que veio a notícia: a crise tinha chegado, e os cortes de pessoal também.

O nome dele estava na fatídica lista.

★ ★ ★

Quantas pessoas cruzam o nosso caminho e nos deixam pensativos sobre a vida que levam? Com frequência, conhecemos indivíduos que, por diferentes razões, parecem ter se resignado a viver uma existência conformada, na qual os sonhos se encolhem e mal deixam espaço para a imaginação.

Viver a vida que os outros escolheram por eles – seja pela condição ou lugar em que nasceram ou porque a sociedade determinou assim – pode ser a pior memória nos momentos finais. Um levantamento feito em 2020 pela psicóloga Gema Sánchez Cuevas apontou que o maior arrependimento de quem está no fim da vida é o de não ter vivido tudo aquilo que sempre quis. E de não ter vivido o que gostaria por medo de se expor, de ser julgado, de ser excluído. Por acreditar que dava para esperar mais um pouco...[3]

A questão é que não existe o amanhã, apenas o hoje. E esse hoje é urgente, está pedindo sua atenção para que você o faça acontecer!

Não estou dizendo que é fácil ir contra o sistema. Quando a pessoa é pobre, não existe zona de conforto, existe zona de sobrevivência. E é, sim, muito mais difícil ousar quando é preciso escolher se vai comer

---

[3] CUEVAS, G. S. Quais são os arrependimentos mais comuns no fim da vida? **A mente é maravilhosa.** 2020. Disponível em: https://amenteemaravilhosa.com.br/arrependimentos-mais-comuns/. Acesso em: 30 nov. 2023.

agora o arroz com feijão ou se vai arriscar esse prato modesto para tentar um jantar melhor no dia seguinte.

Além disso, é fácil falar em ressignificar, em resolver o problema do outro quando não se está vivendo na pele o que ele enfrenta. Quando o problema é nosso, ele tem muito mais braços e pernas.

Contudo, se você está lendo este livro, já imagina que eu consegui romper com o que tinha sido predestinado a mim. Não foi fácil. Tive que lutar mais que meus colegas do bairro rico aonde eu ia de vez em quando jogar basquete – *e onde, inclusive, fui discriminado por ter uma situação financeira pior*.

Também não quero cair naquela ladainha do "se eu consigo, você também consegue". Só quero inspirá-lo para que amplie sua visão e olhe ao redor para descobrir onde está aquela oportunidade que vai tirar você do lugar em que se encontra agora.

Só que nada disso será possível se você não lutar com todas as suas forças contra um grande vilão – na minha opinião, o maior vilão que existe.

O conformismo

O conformismo – ou acomodação, comodismo, como queira chamar – é a atitude ou tendência de aceitar uma situação incômoda ou desfavorável sem questionar, sem lutar, com resignação e passividade. É o deixar acontecer, deixar a vida levar, no melhor estilo Zeca Pagodinho.

(Uma curiosidade: o cantor dos versos "deixa a vida me levar, vida leva eu",[4] que virou o hino dos preguiçosos, de fato nunca foi acomodado. De origem humilde, desde menino perseguiu o sonho de viver da música. Hoje, enquanto escrevo este livro, ele tem 64 anos, quarenta de carreira, mais de vinte discos gravados e ainda está ativo fazendo shows pelo Brasil).

---

[4] DEIXA a vida me levar. Zeca Pagodinho. *In*: DEIXA a vida me levar. São Paulo: Universal Music Brasil, 2002.

> A atitude conformista mata sonhos todos os dias, antes de a pessoa sequer levantar a cabeça do travesseiro.

É claro que tem coisas que não podemos mudar. Não escolhemos a família nem o lugar em que nascemos, nem as nossas características genéticas, nem nossa própria história nos primeiros anos de vida. Nada disso está sob nosso controle.

Porém, tem um tanto de coisas que dependem de nós: nossas escolhas diárias, nosso desejo de sermos melhores a cada dia, o conhecimento que vamos buscar para mudar nossa realidade, os nossos relacionamentos.

Você não veio aqui para ser derrotado. Se isso acontecer, dificilmente não teve sua participação ativa nisso: ou não fazendo nada, ou fazendo exatamente o que achavam que você deveria fazer. Focar o que pode ser mudado é o que de fato vai fazer alguma mudança acontecer.

No livro *O código da inteligência*,[5] Augusto Cury fala das quatro armadilhas da mente. Uma delas é o *conformismo* e as outras se relacionam a ele: *o coitadismo, o medo de reconhecer os erros e o medo de correr riscos*. O autor diz:

> O conformista é inerte e mentalmente preguiçoso, pelo menos na área em que se considera incapaz, inábil. Não exerce suas escolhas por medo de assumir riscos. Não expande seu espaço por medo da crítica. Prefere ser vítima a agente modificador da sua história, prefere ser amante da insegurança a parceiro do entusiasmo.[6]

A consequência dessa atitude é que as pessoas vão se adaptando à realidade negativa e não fazem esforço para sair dela.

Agora, no auge dos meus 52 anos, passo a me lembrar de quanta gente talentosa e preparada eu conheci e que ficou pelo caminho, como promessas não concretizadas.

---

[5] CURY, A. **O código da inteligência**: inteligência socioemocional aplicada. Rio de Janeiro: Sextante, 2015.
[6] CURY, A. *Ibidem*, p. 45.

É um cenário que, por vezes, me faz questionar o que aconteceu ao longo da trajetória dessas pessoas, o que foi deixado para trás, e o que poderia ter sido. São vidas em que os limites se tornaram paredes intransponíveis, em que as aspirações foram colocadas em uma gaveta e esquecidas. E, à medida que compartilhamos momentos e histórias com essas pessoas, podemos nos pegar imaginando o que as levou a esse ponto.

Talvez tenha sido o medo que se enraizou profundamente, o medo de fracassar.

No entanto, em meio a essas histórias de conformismo, também encontramos lições preciosas. Elas nos lembram da importância de nutrir a imaginação, de preservar os sonhos mesmo quando a realidade tenta sufocá-los. Afinal, somos todos construtores do nosso próprio destino, capazes de moldar nossa vida de acordo com nossos desejos mais profundos.

Ao olharmos para aqueles que escolheram o caminho da conformidade, podemos aprender tanto quanto quando observamos aqueles que ousaram sonhar e perseguir suas paixões. Cada história é uma janela para a complexidade humana, uma oportunidade de reflexão e um lembrete de que a vida é uma jornada cheia de escolhas.

A obesidade mental

Romper a barreira do conformismo é a primeira grande batalha. A segunda é não cair em outra armadilha: a da obesidade mental. Tanto ser resignado quanto acumular conhecimento sem utilização não tira ninguém do lugar.

Eu tenho um amigo que vou chamar de André. Ele é extremamente inteligente e preparado. Fala seis línguas, é professor universitário. É o cara que mais sabe sobre tecnologia no Brasil, na minha opinião. Mas esse vasto conhecimento ficou confinado dentro da academia. Não é raro encontrar um aluno ganhando três vezes mais que ele no último ano da faculdade.

Recentemente, fomos a um evento de empreendedorismo juntos. Íamos conversando e caminhando ao passar pelos estandes das empresas, e ele ia apontando os erros de cada uma delas.

Fiquei pensando (acho que cheguei a dizer para ele): a diferença entre esses empresários que estão aqui se expondo e quem apenas acumula conhecimento é que eles arregaçam as mangas e dão a cara a tapa, errando e aprendendo todo dia. Eles estão saindo do campo das ideias e partindo para a vida real, para a prática. E eu tenho convicção de que é isso que transforma o mundo.

Esse meu amigo, com tanta capacidade, poderia ter muito mais da vida. Em algum momento, provavelmente foi tolhido, perdeu a capacidade de sonhar. Talvez o medo de errar possa ter feito com que ele não desenvolvesse a coragem de ousar. E, por isso, jovens destemidos com muito menos conhecimento estão conseguindo realizar grandes feitos e conquistar a felicidade na carreira e na vida.

O que eu chamo de obesidade mental causa problemas mentais de fato. Ela deixa o cérebro tão sobrecarregado que os lobos frontais (essenciais para o planejamento e execução de comportamentos aprendidos e intencionais) não conseguem trabalhar direito, o que causa ansiedade e medo. E, com isso, provocam as famosas crises de ansiedade, ataques de pânico e o burnout dos tempos modernos. Para deixar mais claro: burnout é doença de quem, na maioria das vezes, trocou os seus sonhos por salários.

E o resultado? A pessoa obesa mentalmente acredita que o fato de conhecer tudo sobre tudo é benéfico, mas é justamente o contrário: ela de fato sabe muito, mas se torna incapaz de aplicar esse conhecimento em atitudes práticas na vida.

Eu considero o empreendedorismo raiz a melhor maneira de devolver para o mundo o conhecimento e as habilidades que o mundo nos deu.

Só para ficar claro: chamo de empreendedorismo "raiz" aquele que é de verdade, em que o dono do negócio tem um CNPJ, já enfrentou dor de cabeça para pagar funcionário e cumprir com as obrigações diárias, entrega algo de valor para a sociedade e está na posição de servir o outro. Já o empreendedorismo "Nutella" é aquele em que a pessoa se apoia em muletas ou atalhos para crescer, depende de apoios ou financiamentos para sair do lugar, não sabe o que é ter um cliente chato nem recebeu agradecimento sincero – e não por educação ou coerção – de alguém a quem ajudou.

Tem muito empreendedor-coach por aí. Mas, na minha opinião, não pode ser *coach* de empreendedorismo quem não viveu na pele as mazelas e os prazeres de ser empreendedor raiz.

O medo

Para fechar a equação do conformismo mais a obesidade mental, o resultado é sempre o medo. Já falei dele, mas é algo tão paralisante que se torna um problema gigantesco.

É o medo de sair da zona de conforto (mesmo que a zona de conforto seja a zona da sobrevivência), o medo do fracasso e até do sucesso.

Muita gente enterra seus sonhos porque não consegue se libertar do medo de mudar, de buscar algo melhor para a própria vida. E, assim, deixa passar as oportunidades que batem insistentemente e quase derrubam a porta. Se pudermos sair de nossos padrões de percepção habituais, poderemos ver que nossos maiores problemas podem ser nossas maiores oportunidades!

Mas eu entendo e não posso criticar quem sente medo. Ser empresário no Brasil não é fácil: a carga tributária é alta, a burocracia não ajuda, a competitividade é crescente.

De acordo com o Instituto Brasileiro de Geografia e Estatística (IBGE), 48% das empresas fecham antes de completar três anos. Mas, sabe o principal motivo para isso? A mesma pesquisa informa que é não ter uma gestão eficiente.[7] Ou seja, é a falta de estudo e de preparo para empreender – vamos falar mais disso no capítulo 3.

Com isso, o medo de empreender toma conta. O que é, na verdade, medo de fracassar. Ele existe mesmo, e todos os que algum dia tiveram um negócio, por menor que seja, já passaram por isso. É mais que

---

[7] QUASE 50% das empresas fecham em até três anos. **Monitor Mercantil**, 27 set. 2021. Disponível em: https://monitormercantil.com.br/quase-50-das-empresas-fecham-em-ate--tres-anos/. Acesso em: 01 dez. 2023.

o medo de perder dinheiro, mas de perder reputação, a vergonha por falhar, o que ressuscita a sensação incômoda de ter falhado e sofrido consequências no passado.

E tem o medo de dar certo. Sim, acontece também! É aquela ansiedade gerada pela aversão ao desconhecido e à mudança radical de vida que pode vir com o sucesso.

Mas, veja bem, ninguém é destemido. Eu tenho medo e garanto que os empresários mais brilhantes do mundo também têm.

Quando comecei, enfrentei o medo de buscar algo novo para a minha vida junto com o julgamento. Não em casa, pois felizmente a dona Marlene – minha mãe – sempre me apoiou. Mas, na rua, eu ouvia coisas como: "Isso de ser empresário não é pra você", "Você pode até dar certo, mas só vai até o seu limite e tome cuidado para não se arrebentar na queda", "Meu amigo, cada um tem o seu lugar, não queira ir mais longe que suas pernas", "Onde já se viu querer ser empresário sem ter onde se encostar?".

O que eu fiz a *partir de* e *apesar do* medo e do julgamento dos outros é que fez toda a diferença na minha jornada. E este é o motivo de eu estar compartilhando tudo isso aqui com você.

★ ★ ★

Sabe o Fábio, aquele que você começou a conhecer no início deste capítulo? Vou contar o que aconteceu com ele depois que soube da demissão na empresa onde trabalhava e de ver seu planejamento de vida ir todo por água abaixo. Nas próximas páginas, você vai saber que ele pensou em empreender. Mas será que conseguiu?

Somos todos construtores do nosso próprio destino, capazes de moldar nossa vida de acordo com nossos desejos mais profundos.

@claudio_saints

O impossível não é um fato

capítulo 02

Quando Fábio viu o próprio nome na lista dos demitidos, não acreditou. *Como assim? Eu me dediquei tanto, fiz tanto por esta empresa! Depois de tantos anos aqui, como puderam fazer isso comigo?*

Naquele momento, ele percebeu como era ruim ter que se matar para realizar os sonhos dos outros... Depois, veio a sensação de fracasso, a vergonha e a impressão de que a cabeça estava tão pesada que explodiria a qualquer momento.

Foi então que ele se viu diante de um dilema, ao mesmo tempo, assustador e oportuno. Era como uma janela de possibilidades de algo que ele sempre quis: abrir o próprio negócio e buscar uma vida melhor, enchendo o seu bolso e não o dos outros.

Mas as vozes de quem sempre o desacreditou ecoavam na sua mente. Era como se estivesse ouvindo de novo e de novo, o tempo inteiro: *empreender não é para gente como você!*

Isso o fez duvidar de si, mesmo quando sua cabeça fervilhava de ideias e planos. O gosto amargo do desemprego e da incerteza do futuro estava ali, apagando com uma borracha potente seus sonhos e o impedindo de agir.

★ ★ ★

"A água só corre para o mar."

Essa frase simples carrega um peso profundo quando pensamos nas dinâmicas da vida e das oportunidades. Ela ecoa a realidade em que vivemos, na qual as boas chances parecem se concentrar nas mãos de alguns afortunados, enquanto, para a grande maioria, as oportunidades reais permanecem escassas e exclusivas.

Em um mundo em que o famoso QI (Quem Indique) continua a ser um fator predominante, até mesmo em pleno século XXI, persiste uma sensação de desigualdade.

Às vezes, parece que o livro das possibilidades tem apenas dois capítulos e, curiosamente, você não escreveu nenhum deles. O futuro que muitos imaginaram ou sonharam parece escapar como água que escorre pelas mãos.

Os questionamentos surgem: será que o tempo para brilhar já passou? Será que a oportunidade que eu busco nunca vai chegar?

As perspectivas parecem estagnadas, a sensação é de que as portas nunca se abrem. Estudar muito e se formar em uma faculdade, atitudes antes vistas como trampolins para novas oportunidades, agora parecem contribuir ainda mais para o aumento das responsabilidades e dos medos.

À medida que acumulamos conhecimento e habilidades, as expectativas também aumentam e, com elas, o peso da incerteza sobre o que o amanhã reserva.

No entanto, em meio a essa sensação de desânimo, vale lembrar que a nossa trajetória é um mosaico em constante evolução. É verdade que as oportunidades não são distribuídas uniformemente, mas o poder de criá-las também está nas nossas mãos. A melhor maneira de fazer dar tudo errado é não começar hoje.

A resiliência, a criatividade e a determinação podem abrir brechas nas barreiras que parecem intransponíveis. O mundo pode ser difícil, mas está repleto de muitas histórias de pessoas que, contra todas as probabilidades, encontraram seu caminho e alcançaram seus objetivos. Não é para ser fácil, só não precisa ser impossível.

Eu sempre digo que o impossível não é um fato, apenas uma opinião e, geralmente, fala mais das limitações do outro do que da nossa.

Para provar o que digo, conheça a história do Jackson.

Garra e vontade de vencer

Eu o conheço desde criança. Estudávamos na mesma escola, e ele sempre foi um cara que se destacou nos estudos.

Jackson veio de uma realidade muito dura. A mãe, solteira, tinha que dar conta de criar os três filhos sozinha. Eles moravam na Baixada, um bairro pobre com moradores que prestavam serviço no bairro onde eu morava.

No meio de muita gente boa, tinha também as más companhias, os cachaceiros, os drogados. Mas o Jackson conseguiu sair daquela realidade e transformar a própria vida.

Desde muito novo, ele se colocava na posição de ajudar os outros. Foi monitor de outros alunos, dava aula de Química e Matemática para cursinho e se virava como podia para se manter.

Como fez curso técnico, tinha muita habilidade em matérias exatas, mas algumas deficiências na área de biológicas. Mesmo assim, se dedicou muito e conseguiu passar em primeiro lugar no vestibular para Medicina em uma universidade federal.

Ao se formar, fez o caminho lógico de todo cara que não tem condições de arriscar tudo de uma vez: passou em um concurso público. Depois, não se acomodou onde estava. Começou a empreender como médico.

Hoje ele é um nome respeitado em todo o estado de Alagoas. Tem sociedade em várias clínicas e conseguiu enterrar de vez aquele estigma dos moradores da Baixada que, na visão até deles mesmos, não têm direito a um futuro melhor. Diferente de muitas daquelas pessoas, que continuam no mesmo lugar vivendo a mesma vidinha, ele transformou sua realidade e se agarrou a cada oportunidade que apareceu.

Você pode dizer: foi por sorte que o Jackson venceu a pobreza e se tornou um empreendedor de sucesso. Eu prefiro dizer: foi garra, estudo e vontade de escapar do destino imposto a ele.

É fácil fazer o que ele fez? Não é, não vou negar. Se fosse fácil, todo mundo seria rico e não existiriam problemas sociais.

Mas por que algumas pessoas conseguem escapar das circunstâncias que lhes foram impostas? O que elas fazem de diferente para mudar a realidade? Será que isso não pode ser ensinado e replicado para que a minoria de bem-sucedidos vire maioria?

Eu acredito fortemente que sim. Aconteceu comigo, e eu vou ensinar para você os princípios que me nortearam nos próximos capítulos.

Por enquanto, conheça outras histórias inspiradoras.

De camelô a chef renomado

Era o ano da virada do milênio quando um estudante de Educação Física de Lima, no Peru, se viu diante de uma dura realidade: faltava dinheiro para tudo. E ele queria uma vida melhor.

Ouviu dizer que em São Paulo, a maior cidade da América do Sul, havia muitas oportunidades. Juntou suas coisas e veio para o Brasil tentar a vida.

Mas a realidade foi um tanto diferente do sonho. A capital paulista não foi gentil com ele. Bateu em muitas portas, mas ninguém queria dar emprego a um imigrante peruano recém-chegado.

Seu nome é Edgard Villar e, se hoje ele é dono de uma das maiores redes de comida peruana do país, foi porque fabricou oportunidades onde antes não havia nada.

Sem emprego em São Paulo, o jeito foi vender artesanatos fabricados de miçanga na 25 de Março – rua conhecida pelo comércio popular. Deu certo por um tempo, até a polícia metropolitana tomar toda a sua mercadoria e ele ficar, de novo, sem um centavo no bolso.

Conseguiu 50 reais emprestados e, de novo, recomeçou. Dessa vez, fazendo e vendendo marmitas de comida peruana.

No começo, eram os amigos e outros imigrantes que compravam. Com o tempo, a freguesia – atraída pelo sabor do tempero que ele aprendeu a usar na infância com sua mãe – foi aumentando.

O síndico do prédio não gostou do movimento no apartamento, e ele precisou encontrar um local para continuar trabalhando. Assim nasceu o primeiro restaurante, o Riconcito Peruano, nome que permanece até hoje.

A melhor maneira de fazer dar tudo errado é não começar hoje.

@claudio_saints

Sem organização ou processos no início, Edgard enfrentou muitos revezes. Só que a persistência e a vontade de vencer foram mais fortes. Aprendeu a ser empresário, estudou para crescer.

Hoje, Edgard Villar é um chef de cozinha especializado em comida peruana dos mais renomados do país. Em seus restaurantes, dez no total atualmente, ele faz questão de entregar não apenas sabor, mas a experiência da cultura e da arte peruana.

O que mais me chama a atenção na história de Edgard é a sua capacidade de ressignificar os obstáculos. Para isso, ele não tem uma fórmula pronta, só encara os desafios de frente e os resolve. Um a um, foi contornando os problemas conforme eles apareciam.

Viver na pele esses obstáculos pode ser uma grande oportunidade de mudança – e isso também é uma qualidade do empreendedor que faz acontecer.

Ser empreendedor de verdade é ser um especialista em reestruturar, refazer e ressignificar problemas em oportunidades. E todo esse processo passa, antes de tudo, por mudar a maneira como a pessoa vê, ouve e representa as situações. Afinal, esse é o conceito de inovação.

Debaixo de sol, com um sanduíche na marmita

Narrativas inspiradoras de gente que superou dificuldades não faltam. E é bom que elas sejam espalhadas aos quatro ventos porque podem motivar qualquer um de nós a buscarmos o nosso próprio caminho.

Solano, para mim, é um desses exemplos a ser seguidos. Hoje ele tem uma das principais marcas do ramo imobiliário de Alagoas, negócios fora do estado e está expandindo sua atuação para São Paulo e Portugal. Ele vive o próprio negócio. Entende a empresa como parte da vida dele porque, de fato, sempre foi.

O curioso é que ele entrou nesse ramo porque não conseguia nada na vida, não era de estudar, não encontrava trabalho e precisava se virar. E a família não tinha nenhuma condição de ajudá-lo.

No desespero, conseguiu ingressar no mercado imobiliário e teve a chance de aprender a ser corretor. O começo foi dureza, porque ele precisava fazer plantão sozinho nos lugares, muitas vezes o dia todo debaixo de sol na esperança de aparecer algum cliente. Passava o dia inteiro com apenas um sanduíche que levava na marmita.

Com o tempo, os terrenos foram aumentando de tamanho: passou a vender loteamentos, abriu a própria imobiliária, começou a negociar fazendas. Agora, é especialista em venda de imóveis de alto padrão. E sua pequena imobiliária se tornou uma grande incorporadora.

Por conta do passado sofrido, hoje ele propicia para outras pessoas a mesma oportunidade que teve. Tem dezenas de corretores em suas empresas que são tratados como sócios do negócio. E eles contam que se sentem parte daquele mesmo sonho que começou lá atrás.

Você deve conhecer também muitas histórias de superação como essa. E com certeza conhece também outras, de gente que podia ter tudo na vida e acabou desperdiçando as várias chances que apareceram.

Talvez até você seja uma dessas pessoas!

A questão, repito, não são os limites impostos pelas circunstâncias da vida, mas o que cada um faz com as circunstâncias e os recursos existentes, mesmo que sejam escassos. Lembre-se: o ambiente em que você vive não o define, mas isso não quer dizer que você deva ficar nele.

Antes de prosseguirmos, vale a pena deixar um recado. Grife as palavras a seguir, leia em voz alta, internalize. Se for preciso, reescreva-as em outro papel e fixe em um local visível para nunca se esquecer.

Quando o peso do desânimo bater à sua porta, lembre-se de que as páginas do livro das possibilidades não estão gravadas de antemão.

Você é o autor de sua jornada e cada desafio pode ser uma oportunidade para escrever um novo capítulo. As perspectivas podem mudar, as oportunidades podem surgir e, quem sabe, você pode encontrar até um oceano de realizações onde antes havia apenas um riacho. Pouca perspectiva é sinônimo de pouquíssimo horizonte, e é preciso tomar cuidado para não ficar parado esperando o firmamento com cara de tolo. Você só fica com cara de tolo se quiser!

Nunca subestime o poder da resiliência e da determinação humana. Assim como a água que encontra maneiras de contornar obstáculos, você também tem a capacidade de criar um caminho único para si, mesmo quando parece que no livro das possibilidades estão faltando páginas. E, sim, empreender muitas vezes é sacrificar algum tempo da vida, fazendo o que precisa ser feito, para viver e desfrutar o restante dos anos com tranquilidade e em paz.

A jornada é sua, e mesmo que leve tempo, mesmo que pareça não dar mais tempo, as páginas em branco ainda podem ser preenchidas com histórias de superação, sucesso e a descoberta de oportunidades que você talvez nunca tenha imaginado.

Assim, é claro que a água só pode correr para o mar. Mas o caminho que ela faz até chegar lá pode contornar um milhão de obstáculos, e cada gota de água tem a sua trajetória.

E quando ela chega ao oceano... Ah! Então ela encontra a imensidão. E percebe que tudo é possível ali.

Leia o QR Code para acessar a plataforma de gamificação e ampliar seu conhecimento sobre o assunto deste capítulo.

https://qrco.de/fabricante02

Ser empreendedor de verdade é ser um especialista em reestruturar, refazer e ressignificar problemas em oportunidades.

@claudio_saints

Um cenário hostil

capítulo 03

Até chegar ao mar, é certo que cada gota de água percorre um caminho muitas vezes tortuoso, nada previsível. No começo de sua jornada, ela não sabe o que vai enfrentar para chegar ao destino. Mas, ela segue. Sem pressa e sem pausa. A jornada do empreendedor não é diferente – ou, pelo menos, não deveria ser.

A grande diferença é que enquanto a água enfrenta obstáculos naturais para alcançar o seu objetivo, o empreendedor brasileiro encara questões externas e impostas por burocracias, trâmites e meios que dificultam muito o seu percurso rumo ao sucesso.

O Brasil, sem dúvidas, é um cenário hostil para o empreendedor. E esse assunto, meu caro leitor, vai render uma conversa longa e talvez difícil de engolir. Por isso, pegue uma xícara de chá ou café, acomode-se na poltrona, ou onde ficar mais confortável, e vamos refletir sobre as condições que tiram o sono e dificultam a vida de todas as pessoas que querem ter uma empresa no nosso país.

Lembre-se sempre: não é culpa sua se você tiver que enfrentar mais dificuldades que seu vizinho que nasceu em uma família abastada. Você vai, sim, precisar de mais esforço para sair de onde está se quiser mudar sua realidade, mas a atitude de culpar os outros, justificar-se ou queixar-se tem o mesmo efeito das pílulas: só serve para reduzir o estresse. E meu objetivo aqui é abrir sua mente e seus caminhos para chegar aonde quiser.

É mais difícil para quem vem de baixo

Daqui deste lado, eu vejo você. Você tem grandes ideias, um coração cheio de vontade e uma pitada de audácia. Mas nasceu e mora no Brasil, um país onde enfrentar as desigualdades econômicas é o equivalente a escalar uma montanha alta sem proteção nenhuma, usando tênis velhos e desgastados que a qualquer momento podem deixar você descalço.

A vida por aqui não começa com todos saindo do mesmo ponto de partida, e isso pode ser um desafio e tanto para quem vem de uma situação econômica menos favorável. Vamos dar uma olhada em alguns números para entender melhor.

Dados do IBGE mostram que quase um terço (29,4%) da população brasileira vive na pobreza.[8] Ou seja, um em cada três brasileiros se mantém em condições bem precárias. Para muitos, a luta diária é simplesmente sobreviver, e a ideia de empreender parece um sonho muito distante.

As condições não são nada animadoras. O número de pessoas que vive em situação de extrema pobreza aumentou 48,2% em 2021, comparando com o ano anterior. Isso significa que 5,8 milhões de indivíduos passaram a viver com uma renda mensal per capita de até 168 reais.

A pobreza por aqui também tem cor e gênero. As casas chefiadas por uma mulher com filhos menores de 14 anos têm 62,8% de chances de estar abaixo da linha da pobreza. E quem é preto ou pardo tem o dobro de chance de estar nessa posição se comparado a um branco.

Como empreender assim, vindo de baixo? A corrida certamente é desigual: tem gente largando na frente enquanto outras pessoas vão precisar de mais tempo, mais fôlego, mais recursos e mais apoio para tomar impulso e seguir.

Então, não se sinta incapaz pelo que você não consegue fazer hoje. Apenas perceba que a escada pode ser mais íngreme para você.

---

[8] BELANDI, C. Em 2021, pobreza tem aumento recorde e atinge 62,5 milhões de pessoas, maior nível desde 2012. **Agência IBGE**, 5 dez. 2022. Disponível em: https://agenciadenoticias.ibge.gov.br/agencia-noticias/2012-agencia-de-noticias/noticias/35687-em-2021-pobreza-tem-aumento-recorde-e-atinge-62-5-milhoes-de-pessoas-maior-nivel-desde-2012. Acesso em: 01 dez. 2023.

Mobilidade social

O Brasil é um dos países com menor mobilidade social do mundo. Um relatório recente do Fórum Econômico Mundial (FEM) mostra que uma pessoa de renda baixa demoraria em média nove gerações para atingir a renda média do país. Ou seja, se você não vier de uma família de posses, vai ser mais doído mudar a sua realidade. E isso não é culpa sua! Os dados e as pesquisas não mentem.

Em um ranking de mobilidade social divulgado em 2020 pelo FEM, o Brasil está na 60ª posição entre 82 países pesquisados. O estudo considerou dez pilares: qualidade e equidade da educação, acesso à educação, saúde, instituições inclusivas, proteção social, condições de trabalho, distribuição justa de salários, oportunidades de trabalho, acesso à tecnologia e aprendizado ao longo da vida. De acordo com o relatório:

> Crianças nascidas em famílias menos abastadas tendem a experimentar maiores barreiras para chegar ao sucesso do que aquelas nascidas em famílias mais abastadas. Essas desigualdades de oportunidades podem se tornar arraigadas e promover desigualdades econômicas de longo prazo, bem como profundas divisões econômicas e sociais.[9]

Falando em educação (a educação básica tradicional mesmo), a falta dela é mais um fator deste cenário nada bonito. O acesso ao ensino de qualidade ainda é um privilégio para pouquíssimos. E sem a educação adequada, as portas do empreendedorismo se tornam ainda mais difíceis de abrir. O famoso conformismo do qual já falamos pode ser, muitas vezes, uma resposta à falta de oportunidades.

Se formos além da educação básica e pensarmos em educação empreendedora, aí então a coisa complica de vez.

---

[9] TUON, L. Brasil é um dos países com menor mobilidade social em ranking global. **Exame**, 22 jan. 2020. Disponível em: https://exame.com/economia/brasil-e-um-dos-paises-com-menor-mobilidade-social-em-ranking-global/. Acesso em: 01 dez. 2023.

A falta de incentivo ao empreendedorismo

O Brasil está entre os países que mais empreendem no mundo inteiro, e ter o próprio negócio faz parte da vida de muita gente por aqui, seja por opção seja por necessidade.

A edição de 2022 do relatório da Global Entrepreneurship Monitor (GEM) mostrou que 67% da população brasileira adulta está envolvida com o empreendedorismo, seja porque já tem um negócio, está fazendo alguma coisa para ter ou pretende abrir uma empresa nos próximos três anos.[10]

O que isso significa em números absolutos?

São 93 milhões de brasileiros com idade entre 18 e 64 anos, 42 milhões deles empreendedores de fato, e os outros 51 milhões potenciais empresários. Para ficar claro: empreendedores, segundo o estudo, são aquelas pessoas que já tinham um negócio formal ou informal ou fizeram alguma ação com o objetivo de ter um negócio no futuro. Já os potenciais empreendedores são as pessoas que não têm um empreendimento, mas gostariam de ter em até três anos.

Apesar dessa realidade, ninguém vai discordar do que vou dizer: não somos nem nunca fomos incentivados a empreender e inovar com bases sólidas. Falo de quem nasceu dos anos 2000 para trás. Sei que hoje até existe um esforço em levar a educação empreendedora e aulas de finanças para as escolas desde os anos iniciais, mas essa iniciativa é recente, tem menos de uma década, e só vamos saber o resultado talvez uns dez anos à frente.

Essa falta de educação para empreender tem engessado o crescimento sustentável das iniciativas desse tipo no Brasil. Os problemas começam na escassez de informações sobre como conduzir os negócios e vão até orientações sobre a área financeira, contábil, gestão, processos e metas.

---

[10] MAIS de 93 milhões de brasileiros estão envolvidos com o empreendedorismo. **Agência Sebrae**, 10 maio 2023. Disponível em: https://agenciasebrae.com.br/cultura-empreendedora/mais-de-93-milhoes-de-brasileiros-estao-envolvidos-com-o-empreendedorismo/. Acesso em: 01 dez. 2023.

Assim, muita gente começa cheia de sonhos – na maior parte das vezes, na verdade, por desespero de não existir outra opção –, mas vai cair naquela estatística cruel do IBGE que mostra que seis em cada dez empresas fecham as portas antes de completar cinco anos de existência.[11]

Se falarmos em startups, o contexto não é diferente. Essas empresas conseguem deslanchar apenas onze meses depois do início das operações, em média. O estudo *Causas da mortalidade de startups brasileiras*, da Fundação Dom Cabral, mostra que pelo menos 25% delas "quebram" no primeiro ano de atividade.[12]

Mais uma pedra no sapato

Sim, pintamos um quadro apocalíptico até agora. Empreender não é para amadores – na verdade, é para os fortes de espírito. Mas vamos imaginar que você venceu os primeiros obstáculos, conseguiu furar a bolha a que estava destinado por ter nascido em condições desfavoráveis, correu atrás e se preparou para abrir seu próprio negócio. Agora, vai enfrentar a temida burocracia brasileira.

Imagine que você está caminhando em uma floresta densa e, de repente, é obrigado a parar. Você caiu em uma teia de aranha gigantesca! Você se vê preso em uma estrutura forte e complexa. Tenta avançar e sair dali, mas, a cada passo dado, mais fios pegajosos aparecem para mantê-lo onde está.

O desespero bate, a sensação de impotência chega.

Você sabe que precisa desembaraçar pacientemente cada um daqueles fios, um por um. Mas a aranha gigante chamada burocracia está lá, observando-o em silêncio, pronta para tecer outras armadilhas.

---

[11] PERET, E. Seis em cada dez empresas abertas em 2012 encerraram atividades em cinco anos. **Agência IBGE**, 25 out. 2019. Disponível em: https://agenciadenoticias.ibge.gov.br/agencia-noticias/2012-agencia-de-noticias/noticias/25739-seis-em-cada-dez-empresas--abertas-em-2012-encerraram-atividades-em-cinco-anos. Acesso em: 01 dez. 2023.

[12] NOGUEIRA, V.; ARRUDA, C. **Causas da mortalidade das startups brasileiras**. Disponível em: https://www.fdc.org.br/conhecimento-site/blog-fdc-site/Documents/Causas_da_mortalidade_das_startups_brasileiras.pdf. Acesso em: 01 dez. 2023.

Abrir uma empresa por aqui não é nem de longe uma tarefa fácil. O Brasil é conhecido por suas regulamentações e requisitos governamentais ilimitados que transformam a atitude de empreender quase em uma epopeia.

Para começar, tem a documentação infinita. Prepare-se para enfrentar uma avalanche de papéis, certificados, certidões... A depender do seu ramo de atividade, você vai precisar de CNPJ, inscrição estadual, alvará de funcionamento, liberação de órgãos regulatórios, entre outros documentos. E cada um deles tem seus próprios procedimentos e critérios. Quando você acha que terminou, sempre fica faltando alguma coisa.

E então vêm os impostos e tributos. E saber sobre eles é uma tarefa tão complexa que, se você não for contador, vai precisar de alguém especializado para ajudar a entender todas as taxas e contribuições que uma empresa deve pagar.

A depender do tipo de negócio, você estará sujeito às regulamentações locais. Além das leis federais, cada município e estado têm as suas próprias regras. Então, ao planejar o crescimento, é preciso saber que as regulamentações vão mudar – e até inviabilizar – a expansão da sua empresa para outro local.

Você pode precisar de licenças específicas, como as ambientais ou sanitárias. Cada uma delas envolve outros tantos processos de solicitação e aprovação, o que pode levar uma eternidade.

Sua empresa vai ter funcionários, certo? Claro que sim, qual a outra maneira de crescer? E você faz questão de gerar empregos porque quer impactar a vida de outras pessoas, quer contribuir com a economia brasileira. Só que vai precisar cumprir uma série de determinações para contratar e para demitir.

É preciso se registrar na previdência social, elaborar contrato de trabalho, registrar o funcionário no Fundo de Garantia do Tempo de Serviço (FGTS) e pagar regularmente os valores devidos, realizar exames médicos de admissão e anotar tudo na carteira de trabalho. Tudo isso custa por mês quase o valor do salário que o funcionário recebe.

Daí, não deu certo com aquela pessoa e você precisa demiti-la. Então, vai ter que cumprir um aviso prévio que pode variar de trinta a noventa dias ou pagar multa, arcar com todas as verbas rescisórias, pagar férias proporcionais, décimo terceiro salário proporcional, multa do FGTS, homologar a demissão no sindicato (a depender da categoria)... Ufa!

E, o pior de tudo, tem de lidar com as incertezas, porque a legislação trabalhista pode mudar a qualquer momento.

Tempo e dinheiro

Todos esses processos burocráticos consomem tempo e dinheiro. Você ainda precisa se capacitar em diversas áreas para se manter atualizado, pagar taxas e mais taxas, cumprir com os honorários de contadores e gastar horas resolvendo papeladas em vez de focar o crescimento do seu negócio.

Percebe? É fácil entender por que muitos empreendedores desistem logo no começo ou têm dificuldades de se manter em atividade no Brasil.

Talvez agora tenha uma voz na sua cabeça dizendo: *então, se é tão difícil, por que começar?*

Porque, apesar de tudo, eu acredito que o empreendedorismo muda vidas e é a melhor maneira de levar uma pessoa do mais baixo degrau da escada social até o topo. E mantê-la lá, se ela fizer a coisa certa.

Ninguém vai lhe dar pernas para caminhar, no máximo vão lhe emprestar o apoio. E quem vai ter que dar cada passo é você!

É bom ter em mente sempre que na jornada empreendedora não tem nada grátis, sempre há alguma conta a pagar. Desconfie se estiver parecendo muito fácil. Pode ser uma armadilha, aquela teia de aranha na floresta escura que prende você quando está distraído.

Por fim, não se vitimize. Eu também comecei do zero (aliás, do menos dois, como contei na introdução). A vitimização não fará ninguém admirar você e vai lhe tirar oportunidades. Não damos oportunidade para vítimas – damos atenção, damos pena, damos esmola, mas não damos oportunidades reais.

Vamos olhar o copo meio cheio, porque tudo é questão de perspectiva, de saber *o que* e *como* olhar. Nunca subestime o poder do sonho e da determinação.

O meu recado é este: as pedras no sapato e no caminho do empreendedor brasileiro são constantes, mas não são intransponíveis. Com planejamento, paciência e orientação certa, é possível navegar por essas águas turbulentas e alcançar o sucesso. Não desista, mantenha-se informado e persista.

Ser empreendedor não é pular do avião sem o paraquedas, isso é burrice! Empreender é pular com o paraquedas sem a certeza de que ele vai abrir, mas tomando todo o cuidado possível antes de subir no avião e se jogar do céu rumo ao chão.

É para isso que estou aqui, para lhe mostrar como eu estudei e planejei o meu voo, como preparei o meu paraquedas e como saltei, apesar do medo.

Vamos, finalmente, conhecer os detalhes dessa viagem no capítulo seguinte.

Leia o QR Code para acessar a plataforma de gamificação e ampliar seu conhecimento sobre o assunto deste capítulo.

https://qrco.de/fabricante03

Nunca subestime o poder do sonho e da determinação.

@claudio_saints

A resposta que poucos conhecem

capítulo 04

O ano era 1910.

A vida definitivamente não era fácil naquela época, mais ainda para Walter e sua família que viviam em uma área rural, com simplicidade e recursos escassos.

Ele tinha só 9 anos quando o pai ficou muito doente. Foi preciso vender a terra que rendia sustento e alimento para todos os cinco filhos para conseguir pagar o tratamento. Com o pouco que sobrou, acharam melhor tentar a vida em outro estado.

No novo lar, o pai adquiriu os direitos de distribuição de um jornal local. Naquela época, esse era um bom negócio: jornal impresso era basicamente o único meio de informação das pessoas, que esperavam ansiosas pela edição do dia.

Muito severo, o pai obrigava Walter e o irmão a acordarem 3h30 da madrugada para entregarem os jornais antes de irem para a escola. Eles não ganhavam nada por isso.

Para conseguir algum dinheiro, Walter arrumava trabalhos em lojas de doces ou farmácias. Aos sábados de manhã, fazia um curso de desenho e vendia suas produções para os vizinhos. A mãe incentivava o talento do filho, o pai achava perda de tempo e não aprovava.

Além de desenhar bem, Walter era bom vendedor desde pequeno. Anos depois, quando a família entrou no ramo de venda de geleias, ele ajudou na comercialização e também trabalhou como vigia noturno do espaço onde era fabricado o doce.

Muito tempo se passou – e muito perrengue também – até que Walter conseguiu um emprego de cartunista, seguindo sua paixão pela arte. Acabou sendo demitido porque o patrão o considerava preguiçoso e sem criatividade...

Para espairecer um pouco depois daquela decepção, resolveu ir ao cinema. Na tela, passava a versão muda de 1916 de Branca de Neve, dirigida por J. Searle Dawley e estrelando Marguerite Clarke.[13] Ele ficou fascinado com aquelas imagens coloridas, seus olhos brilharam, nunca tinha visto algo tão mágico. E foi a partir dessa experiência que sua vida mudou para sempre!

Talvez você já saiba de quem estou falando. Essa é a história de Walter Elias Disney, mais conhecido como Walt Disney.

De tropeço em tropeço, ele construiu uma das empresas mais valiosas do planeta e deixou um legado gigante, mundialmente reconhecido há décadas. Além de desenhista criativo e talentoso, Walt Disney foi um empreendedor visionário e seus ensinamentos até hoje inspiram pessoas mundo afora.

Abriu sua primeira empresa de desenhos aos 19 anos, em um celeiro, junto com um sócio. O negócio durou só um mês. O jeito foi voltar para o mercado de trabalho, mas, quando se sentiu seguro novamente, juntou suas economias, pediu demissão e inaugurou seu segundo estúdio de criação. Tempos depois, pegou um empréstimo para ampliar o negócio, porém o resultado não foi o esperado. Foi à falência mais uma vez.

Havia várias pedras em seu caminho – inclusive a inocência por ter assinado um contrato que dava todos os direitos de um personagem criado por ele para a Universal Studios, que o deixou sem nada depois de ter experimentado um relativo sucesso – até ele se estabelecer. Mas, a cada fracasso, ele saía mais fortalecido.

Foi na época da perda dos direitos de seu personagem mais rentável que ele teve a ideia de criar o Mickey Mouse. E esse foi o pontapé para a mágica Disney começar a acontecer e permanecer viva na mente de crianças e adultos até os dias de hoje.

---

[13] SNOW White. Direção de J. Searle Dawley. EUA: Famous Players Film Company, 1916. (63 min.).

★ ★ ★

Depois de conhecer essa história, eu lhe pergunto: e se Walt Disney tivesse se conformado com a vida que levava na infância? E se tivesse aceitado seu destino como entregador de jornais, ou vendedor em pequenos comércios, ou vigia noturno em uma fábrica de geleias como suas únicas opções? E se não tivesse dado ouvidos à sua intuição e seguido o instinto de desenhar e viver disso?

Com certeza, você nunca teria ouvido o nome dele. Com certeza, não existiria o Mickey, nem a Minnie, nem o Pato Donald, o Pateta, o Pluto e centenas de outros personagens criados, mesmo depois da morte do primeiro criador.

O melhor que você pode fazer (não só por você, mas pelo mundo) é não aceitar o destino que lhe foi imposto ao nascer. Eu, em particular, acredito nas pessoas. A humanidade é realmente genial e capaz de fazer coisas impressionantes, basta direcionar os seus esforços para isso. Se você se jogasse de cabeça nas oportunidades que "teoricamente" não são para você, o que teria a perder?

Na minha concepção, a maioria das pessoas não tenta por medo de perder. E é aí que mora o perigo. A pessoa deixa de tentar porque teme perder o que já nem era dela! Talvez porque não tenha a visão correta e esteja amarrada pelos limitadores socioeconômicos.

Por que não se abrir ao novo, sem fronteiras e cheio de oportunidades para todos aqueles que se deixam levar até esse mundo?

O que ninguém conta, no meio egoísta em que vivemos, é que existe a possibilidade de romper com o ciclo de insatisfação pessoal e profissional e alcançar espaços que "hoje não são para você". Veja bem: "*hoje não são para você*", o que não quer dizer que não serão no futuro. As pessoas têm a mania estranha de visualizar o futuro com os olhos do hoje e até do ontem.

O ser humano sempre foi um eterno insatisfeito, e essa insatisfação é a força capaz de nos movimentar para muito além dos limites que nos são impostos, pelos outros e por nós mesmos.

Todos somos vítimas das circunstâncias, mas podemos assumir o papel de vencedores, e nos tornar grandes fabricantes de oportunidades. Basta saber como fazer, e uma das principais maneiras é não terceirizar a culpa e muito menos se vitimar por isso.

Eu confesso que, no começo, fui fazendo muitas coisas na base da intuição. Como já disse, não ter muitas opções às vezes é uma grande oportunidade. Você tem pouco a perder quando arrisca.

No início, passei a observar tudo ao meu redor e a olhar para fora do mundo que me cercava. Eu ampliava constantemente meu raio de visão, queria conhecer mais e mais e buscava informação de todo jeito que podia. Isso também foi, para mim, um modo de proteção: me tornei um observador atento.

Observava os lugares, as pessoas e seus comportamentos para descobrir o que estava acontecendo de verdade, não só o que elas diziam. Eu queria saber o que ocorria para além da minha realidade, fora do meu casulo. Essa habilidade acabou se tornando um meio de me impulsionar na direção dos meus objetivos.

Depois, descobri o ShuHaRi, um conceito da filosofia japonesa que engloba o processo de aprendizado em escala progressiva.

O ShuHaRi

Já contei que sempre fui agindo por instinto, com uma gana muito forte de evoluir e crescer. Desenvolvi meu método e meu jeito de enfrentar as várias situações que o empreendedorismo me apresentou observando tudo e todos, sentindo as situações, testando, avaliando e validando.

E me surpreendi ao descobrir que minha filosofia de negócios não era nada nova. Ela já existe há muito tempo e é seguida por milhares de pessoas. É o ShuHaRi.

A técnica foi criada para o aprendizado de lutadores de artes marciais, mas acabou se expandindo para todo tipo de aprendizagem e adaptada ao meio corporativo para facilitar a inserção e o desenvolvimento dos colaboradores.

ShuHaRi é a junção de três sílabas, e cada uma delas representa uma etapa ou uma fase em um processo de aprendizado:[14]

- Shu quer dizer obedecer e proteger;
- Ha é romper e modificar;
- Ri representa separar e superar.

A fase 1 – Shu

O Shu é a etapa da obediência, então isso significa que é preciso ter alguém que ensine.

Esse é o início da jornada do aprendiz, quando o indivíduo começa a desenvolver uma atividade nova sem ter nenhum conhecimento ou experiência naquela área.

Esta não é a fase do questionamento, é a hora do aprendizado puro e simples, com o objetivo de internalizar o máximo possível e se adaptar ao meio.

Aqui, o indivíduo aprende e começa a executar. É importante buscar bons mentores, mas sempre se certificar de que o mestre (como se diz nas artes marciais) é alguém com capacidade e experiência para orientar. Então, neste momento, você deve seguir rigorosamente o que ele disser.

E, para refletir, pense que entrar em ecossistemas de pessoas extraordinárias vai fazer você chegar muito mais longe.

A fase 2 – Ha

O mentor nesta fase mostra o caminho que deve ser seguido a partir dos seus objetivos e do seu ponto de partida. As melhores estratégias e rotas serão traçadas para que você as percorra. E, a partir daí, sua tarefa é dar os primeiros passos e praticar.

---

[14] SHURARI: como funciona a técnica oriental de artes marciais para carreira. **Awari**, 20 ago. 2021. Disponível em: https://awari.com.br/shuhari/. Acesso em: 04 dez. 2023.

Quanto mais isso acontecer, mais você dominará o conhecimento e as técnicas. Essa é a fase do empenho, da dedicação, do foco e da disciplina para lidar com os problemas e obstáculos e superar cada um deles.

A fase 3 – Ri

Este estágio da jornada é o da inovação e do desenvolvimento da capacidade de aplicar o que aprendeu em uma série de situações diferentes. Na maioria das vezes, inovar não é criar o inédito, e sim dar vitalidade ao antigo.

O Ri é a prática consciente. Só depois de ter aprendido o que o mestre lhe ensinou e de desempenhar o seu trabalho, você atinge o ponto mais alto do verdadeiro aprendizado.

Agora você não é mais um aprendiz. Você domina aquele saber e pode percorrer sozinho a sua própria jornada, vivenciando suas experiências únicas com liberdade para criar, melhorar o que foi criado e inventar novas maneiras de execução. Neste ponto, você se torna capaz até mesmo de ensinar.

Essa técnica do ShuHaRi nos ensina a fortalecer as três competências mais importantes do mundo dos negócios (e da vida!): a paciência, o foco e a disciplina. E é isso que sempre fiz e sugiro que você também faça.

Como foi para mim

Eu assumi como verdade absoluta que biografia não é destino e só importa o que vamos fazer daqui para frente. A minha e a sua história merecem ser conhecidas, mas não determinam de modo algum o nosso futuro. Não precisamos ser limitados pelo nosso passado. O futuro pode ser construído da maneira como quisermos que seja.

Oportunidades estão por toda a parte, só precisamos estar atentos para enxergá-las e agarrá-las. Eu sempre busquei enxergar o potencial de um mundo ainda não criado e tenho convicção de que esse é o primeiro passo para transformá-lo em realidade. Junto com isso, é preciso ser corajoso, inovador e não ter medo de fracassar.

O fracasso é apenas uma oportunidade de aprender e tentar de novo, como fez Walt Disney e outros tantos homens e mulheres que criaram coisas magníficas e inspiradoras. Sei que devo acreditar em mim mesmo e em meus sonhos, porque o futuro é incerto, mas as oportunidades são infinitas.

Quando percebi tudo isso, entendi também que era necessário buscar conhecimentos que não estivessem atrelados a formações específicas ou graduações longas e desconexas da realidade. Em vez disso, fui atrás de fontes e metodologias mais práticas, sempre com uma disponibilidade gigante para aprender.

Compreendi também a necessidade de ter redes de relacionamento, as mais diversas possíveis (encontrar-se nas conexões é ver o mundo sem fronteiras!), além de estar sempre pronto a dar mais do que receber. Ser útil me tirava da situação de submissão. Anote isso, é importante!

Na minha trajetória, e até hoje, observo quem já viveu algo semelhante ao que estou vivendo. Procuro saber: como a pessoa passou por aquilo? Como posso modelar alguns comportamentos a partir do que eu enfrento hoje e do que ela enfrentou no passado?

Tenho sempre os melhores mentores, mesmo que eles nem saibam que são meus mentores – eu simplesmente os adoto. E assim, como escolho bem meus mentores, fujo ou afugento os meus sabotadores de plantão.

No entanto, nada disso adiantaria se eu não tivesse adotado como premissa entregar mais do que esperavam de mim. Surpreender as pessoas sempre foi uma especialidade que busquei nutrir. Dessa maneira, os resultados começavam a chegar. E continuaram chegando, um depois do outro. Eu os festejava e festejo até hoje cada um deles, não importa o tamanho da conquista.

Esse sentimento de gratidão por tudo herdei de minha mãe, a pessoa mais grata e caridosa que eu conheço. Daí veio também a minha determinação em compartilhar oportunidades, o que me rende frutos até hoje.

A resposta é só uma

Tudo tem a ver com uma simples premissa: enxergar oportunidades em vez de ver as dificuldades. Dessa primeira, derivam as outras:

- Abra-se para as possibilidades de crescimento, mesmo que estejam fora da sua atual realidade;
- Busque conhecimento e não títulos;
- Crie redes de relacionamento amplas;
- Dê mais do que recebe no networking;
- Adote mentores, mesmo que eles nem saibam que você os tem nessa posição;
- Observe muito as situações semelhantes às suas;
- Crie sistemas de proteção contra os seus "sabotadores de estimação";
- "Contrate" a sua síndrome do impostor;
- Entregue mais e surpreenda as pessoas;
- Festeje as suas vitórias;
- Compartilhe oportunidades.

Cada uma destas premissas é a base deste livro. É o que eu pratiquei, pratico e vivo da hora que me levanto da cama até a hora em que vou dormir.

Pode parecer difícil à primeira vista, mas eu garanto: é muito simples. É até mais simples do que se acomodar. E, junto com essa prática, vem o benefício de trazer alegria e satisfação na jornada, podendo até ser a cura para a insatisfação pessoal, a falta de propósito e o pessimismo arraigado na alma.

Nos próximos capítulos, vou detalhar cada um desses princípios e convido você a caminhar comigo, um passo de cada vez.

Leia o QR Code para acessar a plataforma de gamificação e ampliar seu conhecimento sobre o assunto deste capítulo.

https://qrco.de/fabricante04

Visão além do alcance

capítulo 05

Fábio estava em uma encruzilhada criada dentro de sua própria mente: continuar buscando um emprego – algo cada vez mais difícil por inúmeros fatores – ou dar vazão às suas ideias empreendedoras, apesar do medo?

A segunda opção venceu.

Ele não tinha muito dinheiro para investir. Mas fez as contas e entendeu que a verba da rescisão de seu antigo emprego daria para financiar a abertura de uma pequena, mas charmosa, cafeteria no centro da cidade, bem perto da rua do comércio e de várias clínicas movimentadas. "Cliente não vai faltar", disse a ele mesmo.

Você aí do outro lado já sabe a esta altura que "empreender é se jogar de um precipício e construir um avião durante a queda", como disse certa vez Reid Hoffman, empresário americano e um dos fundadores da rede social corporativa LinkedIn.[15] Nosso amigo Fábio viveu isso na pele.

O desafio diário na cafeteria se provou muito mais intenso do que ele havia imaginado. No começo, estava determinado a fazer tudo sozinho para economizar. Era ele quem preparava os cafés, atendia os clientes, fazia a contabilidade e cuidava da limpeza antes de abrir as portas e depois que o último cliente ia embora. Cada dia era uma maratona exaustiva, sem folga, e ele sentia como se fosse um elástico esticado ao máximo, prestes a se romper.

---

[15] HOFFMAN, R. I've often said that starting a company is like jumping off a cliff and assembling a plane on the way down. 19 out. 2018. Twiter: @reidhoffman. Disponível em: https://twitter.com/reidhoffman/status/1053318682242252800. Acesso em: 01 dez. 2023.

As longas horas de trabalho em pouco tempo começaram a deixar marcas na sua saúde e na vida pessoal. Fábio mal tinha tempo para cuidar de si ou para ver sua filha pequena crescer. As noites sem dormir se tornaram rotineiras, e o peso da responsabilidade estava começando a afetar sua saúde mental. Até sua mulher, que tanto o apoiou para começar o empreendimento, estava se afastando aos poucos.

Alguma coisa estava errada!

Apesar da paixão pelo negócio e por estar construindo algo para a família, Fábio percebeu o óbvio: "não tinha pernas nem braços" para dar conta de tudo sozinho. Conforme as demandas cresciam, os problemas aumentavam e as tarefas se acumulavam. Nessa época, o rosto dele demonstrava o desespero. A qualidade do serviço passou a cair, e os clientes fiéis conquistados com esforço começavam a notar.

O medo de fracassar veio de novo. E ainda mais forte. As vozes daqueles que sempre o desencorajaram voltaram a martelar em sua mente. *Eles estavam certos*, pensou. *Empreender não é para alguém como eu, um simples brasileiro de origem humilde. Talvez eu deva apenas aceitar minha sorte e procurar outro emprego com carteira assinada.*

Porém, mesmo em meio ao cansaço e à desesperança, ele sabia que desistir não era uma opção. Já tinha se comprometido demais com o seu sonho para abandoná-lo daquele jeito, nas primeiras dificuldades.

Era hora de enxergar além e ampliar seus horizontes.

★ ★ ★

Quando tudo parece perdido, quando não vemos mais nenhuma saída para os problemas, aí é que é a hora de aguçar a visão. Apertar as pálpebras para ter foco. Respirar fundo e com calma. Abrir a retina para enxergar a luz, ver melhor e mais longe.

"Porque sou do tamanho do que vejo e não do tamanho da minha altura", disse o poeta Fernando Pessoa através de um de seus heterônimos, Alberto Caieiro.[16]

---

[16] CAIEIRO, A. Da minha aldeia. *In:* CAIEIRO, A. **O guardador de rebanhos**. Rio de Janeiro: Cultrix, 1988. Acesso em: 01 dez. 2023.

Eu já perdi tudo algumas vezes. Fui ao fundo do poço. Poderia ter aceitado aquela realidade e terminado cada uma das histórias de fracasso escrevendo um final infeliz para sempre. Mas, em todos os meus reveses, eu me lembrei do mantra que me guia sempre: eu crio minha própria vida.

(Depois de me acostumar a não aceitar o fracasso como o fim de tudo, percebi que o ponto final de cada história da minha vida sou eu que coloco. Toda vez que duvidavam ou zombavam de mim por sonhar alto, eu usava as críticas como combustível para não parar. Às vezes até para acelerar.

Acelerei tanto que cheguei a correr uma meia-maratona depois de ter ficado obeso, pesando 130 quilos. Mas essa história eu conto mais à frente...)

Esse meu jeito de encarar os fracassos como parte da jornada fez toda a diferença quando minha loja de informática quebrou.

Foi em 2002. Eu estava bem estabelecido, com minha vida organizada. Tinha uma loja que vendia computadores e equipamentos de informática e uma boa clientela. Tinha também a confiança dos fornecedores, que me entregavam a mercadoria importada com bom prazo para pagar e, assim, eu tinha capital de giro para manter o negócio, facilitando o pagamento dos clientes.

Só que aí veio a bomba: o dólar praticamente dobrou de valor de uma hora para a outra. O que eu recebia das vendas feitas não pagava nem a metade do custo de um novo equipamento para repor estoque. Afinal, tudo era cotado na moeda americana. Eu não podia repassar todo o custo para os clientes. Tentei de todo modo manter o negócio, reduzindo minha margem, mas não teve jeito.

Quem viveu aquela época deve se lembrar que o Brasil enfrentou uma quebradeira geral de lojas de eletrônicos e de informática. Eu estava naquela estatística.

E, curiosamente, fui talvez o único que quebrou e ficou com o nome limpo! Percebi logo o que estava acontecendo, antevi que o negócio não se sustentaria por muito tempo, então comecei a liquidar os débitos com meus fornecedores – e até a antecipar parcelas não vencidas – para encerrar tudo sem sujar meu nome.

Eu achava que, assim, continuaria tendo crédito e eles facilitariam as coisas para mim, me dando novas oportunidades para voltar a crescer. Quanta ingenuidade! Fiquei sem nada em poucas semanas. De uma loja bem estruturada, com funcionários e uma boa carteira de clientes, voltei para casa de mãos vazias.

Tentei voltar a trabalhar com venda de produtos de informática como autônomo, mas os meus antigos fornecedores – aqueles que fiz questão de pagar em dia – não me ajudaram em nada. Pelo contrário, disseram sem meias palavras que não poderiam acreditar em mim, pois eu era, agora, um simples vendedor de peças.

Hoje percebo como fui tolo e até orgulhoso. Não quis ficar com o nome sujo e me prejudiquei. O Brasil inteiro estava passando por aqueles mesmos problemas e eu, em vez de negociar minhas dívidas para manter a saúde financeira do meu negócio, preferi não desapontar as empresas que vendiam para mim.

Porém, quando internalizei o problema, não fiquei nele. Eu o observei, olhei para cada ângulo, coloquei minhas lentes imaginárias de visão além do alcance e me perguntei: *o que posso fazer com o que tenho agora para sair desta situação?*

Naquele caso, entendi que o melhor seria arregaçar as mangas e dar um passo em outro sentido. Por isso, voltei a ser representante comercial e consegui uma oportunidade na Xerox do Brasil. Foi aí que começou mais um capítulo da minha jornada empreendedora, e que levou a tantos outros em uma história ainda em construção.

Horizonte de possibilidades

A ideia é se abrir para outras possibilidades de crescimento, mesmo que estejam fora da sua atual realidade. Veja bem mais longe do que sua visão atual pode alcançar, não se limite ao que suas pernas alcançam hoje. Olhar além do horizonte, visualizar mais longe do que o seu contexto atual permite você ir além.

O problema é que a maioria das pessoas quer colocar limites e opinar em tudo... E nós nos sujeitamos a aceitar essas opiniões não solicitadas.

Quando tudo parece perdido, quando não vemos mais nenhuma saída para os problemas, aí é que é a hora de aguçar a visão.

@claudio_saints

Levantar a visão e enxergar por cima do muro, bem além do horizonte que se mostra a uma curta distância, pode abrir um "montão de possibilidades" que só olhando para os pés você nunca conseguirá ver. Pelo contrário, vai visualizar apenas o chão em que pisa.

Buscar enxergar além das circunstâncias atuais, desenvolver a visão de longo alcance para ter uma noção clara e nunca duvidar de si vai tornar muito mais fácil para que você supere obstáculos – por mais intransponíveis que pareçam – e alcance grandes conquistas.

Muitas vezes, ficamos inertes em nossa zona de conforto, mesmo que seja a zona do desconforto. Ficamos presos às limitações de nossa situação do presente. No entanto, o verdadeiro crescimento e realização acontecem quando nos abrimos para outras possibilidades, mesmo que pareçam distantes ou fora de alcance naquele momento.

Faça um exercício simples

Imagine tudo o que poderia acontecer se você não aceitasse que a sua realidade atual será a mesma para sempre. E se você ousasse sonhar grande e explorar novos caminhos? O que de pior poderia acontecer?

Eu acredito em você. Sei que é capaz de alcançar muito mais do que imagina e que suas metas e seus sonhos podem ser muito maiores do que você jamais pensou ser possível. Tudo se resume a não se limitar ao que você já conhece.

Lá ao longe daquela montanha distante, onde você vê o fim do *seu* mundo, há um horizonte incrível e desconhecido, e tem lugar para você lá.

Esteja disposto a aprender, a se desafiar e a se reinventar. Às vezes, as melhores oportunidades de crescimento estão fora do nosso mundinho, da nossa famosa zona de conforto. Só que é preciso ter coragem de seguir rumo ao desconhecido.

Não permita jamais que o medo daquilo que você não sabe (ainda) ou as barreiras do presente o impeçam de buscar o futuro que você deseja. Tenha fé em suas habilidades e confiança em sua capacidade de superar obstáculos.

O mundo é vasto e está cheio de oportunidades esperando por você. Seja curioso, abra-se para o novo e permita que suas asas o levem além, para o alto. O crescimento está ao alcance de quem tem coragem para seguir em direção ao horizonte infinito.

Talvez, por ser inquieto, eu tenha buscado oportunidades que até então não existiam. Na maioria das vezes, ninguém acreditava que eu fosse conseguir. Mas eu não sou louco (quer dizer, não *tão* louco assim): eu sempre via uma brecha, uma minúscula possibilidade e entrava em campo, "movia mundos e fundos" – como diz minha mãe – e nada me parava até eu conseguir.

Hoje, estou aqui escrevendo meu primeiro livro em frente à lareira na sala do meu apartamento em Portugal, onde tenho duas empresas e diversos negócios. O lugar em que moro metade do ano – algo inimaginável naquela minha realidade de quinze anos atrás.

Eu até entendo quem desacreditou que eu conseguiria sair do meu bairro lá em Maceió. Para essas pessoas, eu provo que o nosso horizonte somos nós que desenhamos na folha de papel que escolhemos.

A nova economia

Tem algo diferente no ar.

Por muito tempo, nada mudava drasticamente. Era tudo sempre igual e seguia sendo assim. Mudar de lado na escala social acontecia só quando a pessoa ganhava na loteria ou recebia uma grande herança. Hoje as coisas estão bem mudadas...

Não é só a tecnologia que evoluiu. Sim, ela tem um peso grande na aceleração de tudo hoje em dia, mas não é só isso. As pessoas estão mudando, seu comportamento e jeito de fazer as coisas, também.

No meu tempo de adolescente, tínhamos poucas opções para tudo: tênis só existia Conga e Kichute – eu usava a Conga para ir para a escola e o Kichute para passear. Hoje meu filho Vinícius felizmente tem opções diversas para escolher. Tem o tênis de academia, o de corrida, o de caminhar, o de sair para um rolê com os amigos, o de passear com a filha etc.

Viver a nova economia é se abrir para as novidades, para os novos jeitos de ser e fazer as coisas e para o mundo abundante de agora. E, mais que isso, aprender a trafegar pela estrada, enxergando a próxima curva, como bem fala o meu amigo Mauricio Benvenutti no best-seller *Audaz*.[17]

Nunca foi tão fácil mudar de vida, desde que a pessoa aprenda a olhar e enxergar o horizonte lá na frente e traçar um plano concreto para chegar lá.

Não é preciso ser superinovador nem disruptivo para conseguir isso. Basta encontrar um jeito novo de entregar velhas soluções.

Eu gosto muito de citar o caso do milho no copo porque, para mim, é o melhor exemplo de inovação que existe.

Nas praias brasileiras, é costume de muita gente comer milho. Então, os ambulantes ou barraquinhas de milho assado fazem sucesso. Mas o preço de consumir a espiga com os grãos quentinhos cheios de manteiga não é só o dinheiro pago por ele: é o desconforto de lambuzar a boca para morder a espiga e sujar a cara toda, melecar a mão e não ter onde lavar...

Foi então que alguém (eu gostaria muito de conhecer essa pessoa!) teve a brilhante ideia de debulhar o milho com a faca e servir no copinho. Com sal e manteiga, do mesmo jeito. E assim, cobrar mais de 100% a mais pelo mesmo produto, servido de maneira diferente. Se o milho tradicional, na espiga, custava R$3,00, por exemplo, no copinho as pessoas pagam R$7,00.

Para mim, isso é inovar de verdade. Esse é o espírito da nova economia. E todos nós podemos ter ideias incríveis e fáceis de executar, apenas aprendendo a observar a dor das pessoas ao nosso redor e encontrar uma solução que somos capazes de entregar.

Outros exemplos de soluções encontradas a partir da observação do comportamento das pessoas não faltam, e inclusive já transformaram simples ideias em empresas gigantescas. É o caso da Uber, uma empresa de transporte que não tem carros, ou o Airbnb, um negócio de hospedagem no mundo inteiro que não precisou comprar nenhum imóvel.

---

[17] BENVENUTTI, M. **Audaz**: as 5 competências para construir carreiras e negócios inabaláveis nos dias de hoje. São Paulo: Gente, 2018.

No mundo dos negócios, a paisagem está sempre mudando, com inovações acontecendo a todo momento e descobertas revolucionárias se tornando reais. Se desenvolvermos a nossa visão além do alcance e tivermos a coragem e persistência de implementar nossas melhores ideias, temos a possibilidade de mudar a nossa história e contribuir com o futuro do mundo.

Convença a si mesmo

Você é a primeira pessoa que precisa se convencer de que é capaz. E tem de olhar ao redor e perceber que existem outras possibilidades para muito além daquelas que se mostram à sua frente hoje. Depois é que vem a luta por convencer os outros. E essa pode ser uma luta árdua.

Isso porque as pessoas veem as coisas com os vieses delas – com suas limitações, seus medos e desafios pessoais. E, assim, vão tentar desanimar você, desacreditar seu potencial e dizer que seu sonho é pura loucura.

Essas pessoas são pessimistas mas insistem em dizer que são realistas. Isso lhe soa familiar?

Não se demore ouvindo quem está limitado pela própria mediocridade. Muitas vezes, não é por mal! Esses indivíduos estão por toda parte, inclusive na nossa família, e acreditam mesmo que estão fazendo um favor ao alertá-lo para os "perigos do desconhecido". As pessoas mais próximas, inclusive, são as que menos torcem pelo empreendedor.

Ouça seus "conselhos". Até agradeça. Mas siga firme no seu caminho, acreditando no sucesso, sempre buscando calçar de pedras a sua estrada para não cair em nenhum buraco profundo.

Estabeleça metas. Mire alto, mas muito alto mesmo! Se rirem da sua meta é porque você está no caminho certo. Meta medíocre todo mundo tem, você precisa é de constância e determinação para alcançar o resultado.

Agora, muita atenção: metas devem ser lembradas e cumpridas. Se não puder fazer tudo de uma vez, quebre uma grande meta em pequenas partes para conquistá-la aos poucos.

Siga firme no seu caminho, acreditando no sucesso, sempre buscando calçar de pedras a sua estrada para não cair em nenhum buraco profundo.

@claudio_saints

No seu caminhar, pessoas queridas vão se distanciar de você. Sabe por quê? Porque o sucesso incomoda. Somos punidos pelo sucesso, pelos bons resultados, parece que é para ter vergonha de ganhar dinheiro.

Acredite: quem o condena queria ter a sua coragem.

E, por fim, foque em aprender sempre, mas não busque apenas títulos. Esse, aliás, é o assunto do próximo capítulo.

★ ★ ★

Como Fábio já tinha decidido que desistir não era opção, ampliar sua visão para resolver os problemas foi a salvação de sua vida pessoal, de sua saúde e de seu negócio.

Ele entendeu, naquele momento, que precisava contratar mais funcionários, mas, para isso, precisava aumentar as vendas e a ocupação das mesas nos horários de menor fluxo. Observando a vizinhança, viu que existiam várias empresas ao redor da cafeteria e muitos representantes comerciais, corretores imobiliários e vendedores trabalhavam nelas. *E se eu transformar a minha loja em um café de negócios?*, pensou.

Com poucas mudanças, ele conseguiu transformar o lugar em uma cafeteria de negócios. Investiu em uma internet melhor, colocou tomadas em todas as mesas para carregar notebooks e celulares, criou um espaço separado por vidros para servir de sala de reuniões reservada.

O próximo passo foi comunicar de maneira efetiva e estratégica todas essas mudanças para atrair os clientes certos.

Pequenas modificações resultaram em uma grande inovação. A cafeteria passou a ficar cheia o tempo todo, e Fábio perdeu o medo de contratar e delegar.

Checklist

- Responda a si mesmo: em que você é muito bom, quais habilidades você tem ou pode desenvolver que as pessoas valorizam?

- Olhe ao seu redor e perceba: qual dor ou necessidade das pessoas você será capaz de resolver?
- Qual porta de oportunidade está mais próxima de você e pode ser aberta agora?

Leia o QR Code para acessar a plataforma de gamificação e ampliar seu conhecimento sobre o assunto deste capítulo.

https://qrco.de/fabricante05

O nosso horizonte somos nós que desenhamos na folha de papel que escolhemos.

@claudio_saints

Valorize o conhecimento, não os títulos

capítulo 06

Já ouviu falar na lista da Forbes?

Acredito que sim, se você se interessa por negócios deve saber do que se trata. Mas, para alinharmos o entendimento, vou explicar aqui.

A Forbes é uma revista de negócios americana muito conceituada. Ela publica, a cada ano, a listagem das pessoas mais ricas do mundo. No topo da lista, estão os bilionários, e as posições são definidas conforme o patrimônio líquido, estimado em dólares, de cada um com base em seus ativos e suas dívidas. Não entram na conta representantes de famílias reais ou ditadores cuja riqueza vem de suas posições.

Bill Gates, o fundador da Microsoft, já ocupou o primeiro lugar nesta lista pelo menos dezesseis vezes desde que ela começou a ser publicada, em 1987.[8]

Uma curiosidade: o homem que construiu um patrimônio bilionário apostando no desenvolvimento de tecnologia computacional e se manteve no topo da lista por mais vezes do que qualquer outra pessoa até agora, não tem um diploma universitário.

Ele abandonou os cursos de Matemática e Direito em Harvard em 1975 para, junto com Paul Allen, desenvolver um sistema de interpretação da linguagem de programação Basic. Com o dinheiro das vendas, eles fundaram a Microsoft, empresa de softwares para computadores

---

[8] SCHOELLER, M. **Bill Gates' Road to Riches**: Behind the Billions. Forbes, 2023. Disponível em: https://www.forbes.com/sites/forbeswealthteam/article/bill-gates/?sh=b16a66d-18f6f. Acesso em: 01 dez. 2023.

particulares. Bill Gates percebeu logo que mais valia investir em conhecimento que em uma coleção de títulos.

Assim como Bill Gates, que se tornou bilionário sem ter concluído a faculdade, a própria revista Forbes publicou uma reportagem em 2020 mencionando quinze outros nomes da lista dos ricaços que chegaram ao topo sem precisar de diploma. Entre eles estão Mark Zuckerberg, que também abandonou Harvard para se dedicar ao Facebook; Amâncio Orteza, fundador da rede de lojas Zara, que estudou apenas até os 14 anos; Françoise Bettencourt, criadora da empresa de cosméticos L'Oreal, que abandonou a faculdade de Matemática no primeiro ano; Richard Brandson, fundador do Grupo Virgin, que é disléxico e conseguiu estudar apenas até os 16 anos; e, no Brasil, os irmãos Wesley e Joesley Batista, donos da JBS, que abandonaram os estudos para ajudar o pai no negócio de carnes.

Antes de continuar, vamos deixar uma coisa bem clara aqui: não estou dizendo que estudar, fazer um curso superior, concluir uma faculdade não importa. Importa, sim! O que quero dizer é que uma coisa é entrar na universidade apenas para obter um diploma acadêmico acreditando que isso fará alguma grande diferença na vida profissional, e outra é buscar o ensino superior para investir em conhecimento de verdade para crescimento intelectual e prático.

Também não vou fingir que diploma não faz nenhuma diferença, principalmente no Brasil. Para algumas carreiras, em especial no mercado corporativo ou acadêmico, faz, sim. Pessoas ainda são avaliadas de antemão pela sua coleção de especializações, MBAs, mestrado e doutorado em muitas instituições – o que, sinceramente, acho um grande erro. Ser formado em um curso ou uma instituição renomada pode abrir portas, mas não garante a permanência em nenhuma empresa.

E aqui estamos falando de negócios. Nesse mundo, o conhecimento que realmente leva ao sucesso é o específico, prático e transformador.

O poder de verdade está no conhecimento que adquirimos, utilizamos e compartilhamos, e não na quantidade de papel pendurado em quadros bonitos na parede. Ser obstinado por saber e conhecer algo a fundo é escancarar portas e janelas para um universo infinito de possibilidades.

Aprender o tempo todo nos permite crescer, nos adaptar às mudanças e nos destacar em nossas atividades. É um investimento que ninguém pode tirar de nós, um tesouro que nos acompanha em todas as situações.

Mas, infelizmente, o bichinho da vaidade complica a vida de muita gente.

A vaidade acadêmica

Muita gente é obcecada por títulos, diplomas e certificados. São pessoas que acreditam que essa é a chave do sucesso e do reconhecimento profissional. Mas eu, do alto do meu sucesso empreendedor de hoje e já tendo conquistado um diploma para chamar de meu – muito pouco usado, por sinal – digo que essa crença, muitas vezes, é superficial.

Esses indivíduos querem mesmo é ostentar o diploma como troféu, mostrar o quanto "suaram" para conseguir aquilo. É mais vaidade intelectual que qualquer outra coisa. Muita informação e pouca ação podem levar à obesidade mental, sobre a qual já falei aqui. Se isso é o bastante para essas pessoas ou para você, tudo bem! Cada um constrói o seu caminho.

Mas adianto logo: se seu sonho é mudar o mundo e empreender em algo que vai transformar a sua vida, a da sua família e a sociedade, a sabedoria está em entender que conhecimento verdadeiro não pode ser atestado por um pedaço de papel.

Elon Musk, fundador da Tesla, da Space X e homem mais rico do mundo em 2023, diz: "Não confunda diploma com conhecimento. Não fui para Harvard, mas as pessoas que trabalham para mim, sim".[19]

A partir de agora, coloque o conhecimento em primeiro lugar. Valorize cada oportunidade de aprender, esteja aberto para novas ideias e perspectivas. Lembre-se de que não é o diploma que vai definir você, mas, sim, o que você fizer com o aprendizado que está por trás dele.

Buscar conhecimento e não títulos é o que nos capacita, nos inspira e nos torna verdadeiros agentes de mudança em nossas vidas e no mun-

---

19 MUSK, E. *In:* Pensador. Disponível em: https://www.pensador.com/frase/MzA2OTQxMg/. Acesso em: 04 dez. 2023.

do ao nosso redor. Vamos abastecer nossas mentes e nossos corações com sabedoria e seguir em frente com confiança e determinação!

Já conheci gente muito bem capacitada, academicamente falando, que não consegue implementar sequer uma ideia. Por outro lado, já vi pessoas com um senso de implementação, de operacionalização e de negócios gigantescos, que ficaram ricas sem se preocupar em ostentar diplomas em seus escritórios.

Repito: não estou dizendo que estudar não "dá futuro". O que afirmo é que existe um tipo de competência que faz tirar as ideias do papel e dá a capacidade de realizá-las. Se houver essa centelha de força junto com o conhecimento certo, qualquer homem ou mulher vai decolar com certeza.

Muito conhecimento e pouca prática só levam à obesidade mental.

Antifrágil

No livro *Antifrágil*, o autor Nassim Nicholas Taleb dá um exemplo da distorção provocada pela crença errônea de que a teoria leva aos avanços tecnológicos mais importantes na história mundial.[20] E isso reforça o meu argumento sobre a importância do conhecimento e não dos títulos acadêmicos.

O autor conta que fomos levados a acreditar que a Revolução Industrial foi resultado do progresso científico, pois isso é o que foi ensinado nas escolas. A maioria das pessoas pensa que os progressos teóricos levaram aos avanços tecnológicos que, por sua vez, transformaram a maneira como a sociedade produzia os produtos.

Mas, diz ele, isso não é verdade. A Revolução Industrial não foi liderada por acadêmicos, e sim por pessoas sem nenhuma instrução formal. O submarino, por exemplo, foi inventado por um pastor e não por uma universidade ou instituição naval.

A dinâmica de tentativa e erro foi o que fez a revolução acontecer, formando um sistema que o autor chamou de antifrágil. Muitas

---

[20] TALEB, N. N. **Antifrágil**: coisas que se beneficiam com o caos. Guarulhos: Objetiva, 2020.

invenções essenciais para a evolução social e econômica foram resultados de ações de pessoas que trabalhavam de modo independente. Pessoas que experimentaram novas tecnologias e ideias para criar ferramentas úteis de fato.

A crença de que o progresso vem exclusivamente da ciência tem muitos efeitos nocivos para a sociedade. Cientistas acabam conseguindo verbas do governo e da iniciativa privada para pesquisas que prometem descobertas incríveis que vão facilitar a vida das pessoas – mas nem sempre isso acontece.

Para Taleb, "a aleatoriedade e a antifragilidade decorrente do caos são necessárias para o surgimento de mudanças e inovações reais". O que podemos entender dessa frase?

Entendo que é preciso uma boa dose de experimentação, de coragem, de dar a cara a tapa, de normalizar o tentar e o errar no processo para inovar e evoluir.

O conhecimento que não é superficial e que, de fato, transforma vem daí. É o aprendizado com propósito e objetivo. E nem sempre isso é oriundo das salas de aula. Pode vir, claro, mas também há uma infinidade de maneiras de aprender e adquirir conhecimento por conta própria.

Conhecimento em rede(s)

A internet facilitou muito a nossa vida. A partir dela, o conhecimento é abundante e infinito com os conteúdos gratuitos nas redes sociais, vídeos, cursos on-line, palestras, podcasts e muito mais. É uma fonte inesgotável e acessível a todos e, por isso, não há desculpas para não se abastecer de sabedoria.

Além disso, as fontes de conhecimento a partir de redes de relacionamento também são extremamente úteis para o aprendizado. Eu me lembro de quando tive a oportunidade de começar a trabalhar na área educacional, depois de ter perdido minha loja de informática e de ter passado algum tempo como representante comercial da Xerox no Brasil. Eu havia perdido a vaga quando houve uma reestruturação no mercado de aluguel de copiadoras e me vi, novamente, de volta ao ponto zero.

Consegui uma oportunidade para atuar como consultor educacional no NASCE, um núcleo de assessoria e pesquisa ligado à Fundação de Apoio ao Desenvolvimento (FADE) da Universidade Federal Pernambuco (UFPE), sem entender nada deste segmento! O que fiz? Pedi ajuda.

Sem nenhuma vergonha, me coloquei na condição de aprendiz e perguntava tudo para as pessoas à minha volta. Eu queria entender a fundo o mercado, desde os modelos de aprendizagem, programas e fundos públicos educacionais, sistemas de contratações públicos e privados, entre outros detalhes importantes.

Naquela época, me aproximei de um vendedor que fazia viagens de prospecção na empresa e sabia tudo sobre o setor. Pedi a ele que me ensinasse, e ele se dispôs, mas disse que não tinha tempo para isso. Então tive uma ideia: eu me ofereci para trabalhar uma hora a mais todos os dias e dirigir para ele enquanto, no trajeto, ele me ensinava tudo o que sabia. E fizemos assim.

Durante o caminho, eu o enchia de perguntas, e ele ia me explicando em detalhes como funcionava aquele mercado. Fui chato mesmo! E tenho certeza de que ele não me aguentava mais, mas essa foi a maneira que encontrei para aprender mais rápido.

O resultado desse esforço foi recompensado, pois continuei me desenvolvendo por conta própria, passei de operacional para comercial na empresa e virei especialista em educação sem nunca ter estudado formalmente Pedagogia.

Isso mudou completamente a minha vida e me tornou quem sou hoje. A partir daquele conhecimento, abri minha própria empresa de consultoria educacional, fui convidado para ser Secretário e Subsecretário de Educação de Maravilha e Penedo, em Alagoas, e hoje continuo atuando com educação e tecnologia na minha empresa Next Opinion, presente no Brasil e em Portugal.

Informação é abundante, conhecimento é escolha

Qualquer informação, hoje em dia, é superfácil de conseguir. Está em toda a parte: na internet, nas redes sociais, na televisão, nos podcasts e até na publicidade. Agora, o conhecimento que vem a partir do acesso à informação é uma escolha individual. E informação colocada em prática vira conhecimento.

Ao longo da minha vida, conheci muitas pessoas que investiram muito em estudos e em busca de informação, mas não conseguiram implementar nem transformar esse investimento em resultado prático – pelo menos, nenhum resultado de que elas se orgulham.

Tenho um amigo próximo que estudou muito, em escolas particulares caras, é muito inteligente, teve oportunidade de fazer intercâmbio, mas não soube fazer esse investimento dar retornos práticos em termos financeiros ou de realização pessoal. Hoje, é representante da indústria farmacêutica, e o máximo que conseguiu com seus títulos foi um contrato como funcionário de laboratório.

Não quero desmerecer ninguém, mas às vezes as pessoas investem tanto em conteúdo que se esquecem de investir em conhecimento. E conhecimento com aplicabilidade prática é o que realmente tem valor na nova economia, com novos modelos de negócio em vigor.

Por fim, quero que você internalize isto: a educação resolve tudo. Aprender sempre e com objetivos claros, buscando transformar informação em conhecimento, é o que vai colocar você na rota do crescimento neste mundo dinâmico e abundante em que vivemos.

Não importa o tamanho do seu talento, mas o conhecimento que você adquire e transmite a partir dele. E nunca, nunca mesmo, se esqueça de que você não está sozinho neste mundo. Quando vamos acompanhados, vamos muito mais longe. Por isso, criar uma rede de relacionamentos ampla e conexões diversas vai levá-lo mais rápido ao sucesso do que se ficar tentando fazer tudo de modo solitário.

Vamos conversar sobre isso nas próximas páginas.

★ ★ ★

Checklist

- Faça uma pesquisa rápida sobre o que está sendo feito na sua área e avalie como você pode fazer diferente e melhor.
- Crie uma lista de tarefas para colocar em prática os seus conhecimentos e aplicar nos seus projetos hoje mesmo.
- Crie um plano de ação para o último curso que você fez e implemente algo ainda nesta semana.

Leia o QR Code para acessar a plataforma de gamificação e ampliar seu conhecimento sobre o assunto deste capítulo.

https://qrco.de/fabricante06

Conhecimento verdadeiro não pode ser atestado por um pedaço de papel.

@claudio_saints

Abrir portas e fechar negócios

capítulo 07

Certo dia, milhares de anos atrás, um antepassado seu que morava em uma caverna escura e fria teve uma ideia que mudou a vida dele e a humanidade para sempre. A comunicação naquele tempo era bem rudimentar, mas eficaz o suficiente para que esse seu parente distante (vamos chamá-lo de Grug) conseguisse combinar com um amigo Neandertal (chamaremos o amigo de Ugg) como seria a próxima caçada.

A família de cada um deles precisava de alimento e, se trabalhassem juntos, conseguiriam mobilizar outros colegas para caçar um animal maior – como o bisonte, por exemplo, que além de muita carne tinha ossos duros e fortes que poderiam servir como ferramentas.

O empreendimento da caça foi um sucesso, a comida seria farta por muitos e muitos dias. Por isso, naquela noite acenderam uma fogueira e relaxaram debaixo de um céu estrelado, comemorando e relembrando as melhores táticas do dia para serem replicadas na próxima caçada.

Essa pequena história é fictícia, mas baseada em fatos reais. Eu a contei aqui para mostrar que as redes de relacionamento sempre foram importantes, desde tempos imemoriais, muito antes de a palavra networking existir e se tornar um termo da moda. As reuniões em torno das fogueiras eram como o LinkedIn pré-histórico, em que o "dono da tocha" apresentava você ao restante do grupo e o convidava para o próximo grande churrasco de carne de caça.

Networking, meu caro leitor, é uma arte ancestral que atravessou eras e ainda é importantíssima nos nossos dias.

A porta aberta na caverna moderna

Se, lá no passado, as redes de relacionamento foram importantes para a humanidade dar os primeiros passos rumo à evolução da civilização, hoje elas continuam – e continuarão, tenho certeza – sendo essenciais para qualquer pessoa que não queira ser um eremita vivendo sozinho na floresta.

Vamos dar um salto no tempo e chegar ao dia de hoje. Se você tem um negócio, provavelmente começou a manhã conferindo a sua agenda de compromissos e reuniões. Depois, deu uma olhada na caixa de entrada de e-mails e nas suas redes sociais. Lembrou de ligar para o amigo que ficou de lhe indicar um novo fornecedor, aquele que entrega mais rápido. E ainda mandou um WhatsApp para o seu mentor de negócios – o que está orientando o projeto de expansão da sua empresa.

Nos encontros de negócio formais, nos bate-papos na cafeteria da moda, nos eventos corporativos ou por meio de reuniões on-line, as redes de relacionamento continuam sendo a chave para o sucesso de qualquer empreendedor.

Porém, nas "cavernas modernas" as portas nem sempre estão abertas. E para escancará-las é preciso estar disponível e aberto para a ajuda mútua – a essência do networking de qualidade e que gera resultado.

Não é de qualquer jeito

Mas, veja bem: não confunda networking com falsidade ou com ser interesseiro para obter algum ganho. Não é assim que funciona!

Para começo de conversa, é importante entender que não se trata apenas de obter ganhos imediatos. É como plantar uma semente. Você não espera que, logo após jogar uma sementinha ao solo, ela cresça rápido e se torne uma planta bonita e viçosa naquele mesmo dia, certo?

O mesmo acontece com os nossos relacionamentos. Nós os cultivamos porque é da natureza do ser humano se relacionar com seus semelhantes. Isso faz bem e nos dá senso de coletividade. Além do mais, é na ajuda mútua que nos encontramos e nos sentimos úteis e realizados.

Só que tem um problema muito sério: todo mundo sabe que precisa fazer networking, mas muita gente só se lembra disso quando necessita de algo "pra já" e acha que vai conseguir se aproximando de pessoas influentes naquela hora. Essas pessoas querem resultados rápidos, e isso "cheira a interesse" a léguas de distância. E esse cheiro domina o ar!

Olhando para trás, vejo que sempre fiz networking sem compromisso, sem essa obrigação de nenhum lado de resolver algum problema um do outro. E foi justamente esse desprendimento, essa busca genuína por conexão – até por buscar amizades verdadeiras – que me trouxe muitos e bons frutos.

Quando eu quis expandir meu negócio para Portugal, tinha certeza de que precisava conhecer gente de lá e gente que conhecia o mercado, o país, a cultura e os portugueses.

Fui buscar contatos com pessoas que tinham negócios bem diferentes do meu. E por quê? Porque eu precisava me familiarizar com a nova oportunidade e construir relacionamentos independentemente do meu segmento de negócio, pois isso me abriria um leque maior de possibilidades.

Você já sabe que trabalho com educação e tecnologia, não é? Pois eu não fui de cara buscar contatos dessas áreas. Eu me abri para todo tipo de conhecimento e de relacionamento: conheci gente da área de saúde, da área de design de produtos e pessoas que nem eram empreendedoras. Pessoas que, teoricamente, não poderiam me ajudar em nada! Mesmo assim, fiz questão de manter as possibilidades em aberto.

Tudo isso fortaleceu o meu projeto, me trouxe relações importantes e foi abrindo portas e novos contatos.

Cinco anos depois, encontrei uma das pessoas que eu havia conhecido lá no início. Ela me reconheceu e se lembrou de que eu a tinha ajudado com alguma demanda lá atrás e, dessa vez, foi a minha porta aberta. Ela me ajudou em algo de que eu precisava naquele momento. Ou seja, fiz um networking sem resultado imediato que me trouxe uma excelente oportunidade cinco anos depois!

Pense no futuro

Nesse nosso mundo empreendedor não dá para negar a importância de criar redes de relacionamento sólidas e significativas. No entanto, é bem fácil cair na armadilha de nos prendermos apenas ao ganho imediato, focando nossa busca por conexão apenas naquilo de que podemos nos beneficiar agora. Mas pensa comigo: e se, em vez disso, construirmos redes que transcendem o presente e se tornam laços duradouros, enraizados em confiança e colaboração?

No cenário empresarial, é comum encontrarmos pessoas que veem redes de relacionamento como meras ferramentas para alcançar metas imediatas. Elas querem benefícios imediatos, como parcerias comerciais de curto prazo ou oportunidades de vendas instantâneas. Eu digo, sem sombra de dúvidas, que essa abordagem é limitada e, no máximo, vai trazer relacionamentos superficiais e efêmeros.

A verdadeira magia do networking está em transformar encontros eventuais em laços duradouros e benéficos para todos. Pense em ganhar amigos e criar comunidades em vez de conquistar um colega e criar grupos por puro interesse em algo.

A ideia é estabelecer conexões que vão além das necessidades do momento, investindo tempo e esforço em cultivar relacionamentos baseados em confiança, respeito e colaboração. Quando fazemos assim, plantamos sementes que podem se tornar árvores frondosas e fortes ao longo do tempo.

Outra vantagem de pensar em relacionamentos sólidos a longo prazo é que eles têm o poder de abrir portas que nem sequer sabíamos que existiam; eles podem levar a oportunidades inesperadas e expandir nossos horizontes profissionais. Ao investir em redes de relacionamento profundas e significativas, estamos construindo um ativo valioso que pode nos acompanhar ao longo de toda a nossa jornada empreendedora.

Ao investir em redes de relacionamento profundas e significativas, estamos construindo um ativo valioso que pode nos acompanhar ao longo de toda a nossa jornada empreendedora.

@claudio_saints

Não seja oportunista

Para não parecer oportunista, em primeiro lugar tire da cabeça que networking é pedir favores para alguém. Não é nada disso! As relações de networking precisam de significado, e não devem começar por algum interesse. Ela é uma via de mão dupla: você ajuda primeiro e depois, ocasionalmente, pode ser ajudado no futuro. Simples assim.

Para começar a ampliar a sua rede do jeito certo, participe de eventos, cursos, programas ou qualquer reunião com pessoas com as quais você queira conviver.

Ao conhecer gente nova, tenha interesse genuíno em saber mais sobre cada uma delas. Desligue o modo "o que posso ganhar com esse novo contato?" e ligue o "como posso ser útil a essa pessoa agora?".

Minha mãe sempre foi uma pessoa muito amigável e conversava com todo mundo, não importava se a pessoa era mais ou menos favorecido financeiramente que a nossa família. Aprendi com ela o quanto isso é importante ao longo da vida. A dona Marlene, mesmo com pouco estudo, seria uma excelente professora de networking para muita gente grande por aí...

Outro ponto importante é se lembrar de quem está perto de você, que já está na sua primeira rede de contatos. Muitos, às vezes, ignoram as pessoas de quem já são próximos e pensam que é preciso estar sempre conhecendo gente diferente. Mas não é bem assim. Para manter e fortalecer o networking, é preciso se lembrar de manter contato e se interessar pelas pessoas que já estão ao seu redor. Quem já o conhece pode trazer uma nova conexão importante para a sua rede no futuro.

Acredito que toda pessoa é importante, sem exceção (ou melhor, até as exceções são importantes), não interessa quem ela seja ou que cargo ocupe. A nossa reputação está sendo construída o tempo todo, e até aquele indivíduo que você considerou não ter importância pode falar bem (ou mal) de você – e isso vai ser determinante para o seu sucesso futuro.

Entre em ecossistemas de pessoas extraordinárias

Não importa em que tema ou área do conhecimento, esteja próximo de pessoas que estão de olho na "próxima curva", como fala o Mauricio Benvenutti no livro *Audaz*.[21] Mesmo que, a princípio, elas não tenham nada a ver com você, só o fato de buscar relacionamentos com gente que quer crescer, expandir, desbravar e superar obstáculos vai colocar você na mesma estrada de evolução e lhe dar motivação para alcançar os seus objetivos.

E não se preocupe em se conectar apenas com quem pensa igual a você. Aliás, esse é outro grande erro. Quando você está em um lugar onde todos enxergam a vida do mesmo jeito, geralmente você está com a cara colada no muro e sem um portão para sair. Que vida chata é a da pessoa rodeada por um monte de gente que pensa igual a ela!

Aceite os diferentes e as diferenças. É isso que vai levar você a ter uma compreensão melhor do mundo e das pessoas. No longo prazo, você só tem a ganhar com isso.

Um passo a passo

O importante é estar aberto a conhecer pessoas, manter os relacionamentos já conquistados e começar o jogo do networking desinteressado, mas frutífero. E se você não sabe como fazer isso, vou deixar alguns passos simples para iniciar agora:

1. **Seja você!** Não tente simular ser uma pessoa que você não é. Seja sempre honesto e verdadeiro sobre seus objetivos. É assim que você ganha confiança e pessoas dispostas a ajudar.
2. **Cause uma boa primeira impressão.** Não confunda causar boa primeira impressão com estar com roupa de grife ou algo parecido. A boa impressão é causada pela sua apresentação, sim, porém,

---

[21] BENVENUTTI, M. *op. cit.*

mais do que tudo, pelo seu profissionalismo e pela sua empatia em ouvir o outro.
3. **Ofereça ajuda.** Todos têm algo a ensinar. Quem disse que aquela pessoa não pode agregar em nada na sua vida? Da mesma maneira, se antecipe e ofereça ajuda antes de alguém lhe pedir. Isso vai criar uma relação de confiança e reciprocidade com sua rede.
4. **Não se isole.** Como eu já disse, não seja um eremita da floresta. Frequente congressos, eventos e cursos e se mostre disponível no seu setor de mercado.
5. **Use bem as redes sociais.** A internet hoje em dia é uma excelente ferramenta para ajudar a estabelecer conexões entre empreendedores, o que auxilia muito a expandir a rede de contatos de qualidade.
6. **Agradeça.** Seja grato, sempre. Lembre-se de que ninguém tem obrigação nenhuma com você, então agradeça pelo apoio e pela ajuda, mesmo que aparentemente pequenos. Ser grato vai fortalecer os seus relacionamentos e fazer com que as pessoas estejam propensas a ajudar você de novo no futuro.

E se você for tímido?

Se você começa a suar só de pensar em ir a eventos ou conversar com as pessoas para estabelecer networking, saiba que esse mundo não é só dos extrovertidos.

Inclusive, os introvertidos têm algumas vantagens sobre os tagarelas, sabia? Os desinibidos só sairiam na frente mesmo se networking fosse apenas se exibir, contar piadas, falar amenidades e distribuir o número do WhatsApp por aí – e já sabemos que não se trata disso!

Como falamos de relacionamentos de longo prazo, os "quietinhos" levam até vantagem sobre os "saidinhos". Isso acontece porque costumam ser mais seletivos, ter conversas mais profundas e, desse jeito, estabelecer conexões mais duradouras.

No entanto, tomar a iniciativa de começar uma conversa para construir uma rede de contatos pode ser um desafio para os mais reservados. Se isso acontecer com você, lembre-se do seguinte:

1. **Selecione seus contatos.** Se sua bateria social é curta, seja criterioso na escolha das pessoas com quem quer conversar e de quem pensa se aproximar.
2. **Peça ajuda.** Você pode pedir a alguém do seu círculo de amizade que apresente você àquelas outras pessoas que deseja conhecer.
3. **Use os recursos digitais.** Aproveite as mídias sociais para fazer o primeiro contato. Pode ser enviando uma mensagem de texto, por exemplo. Só tome cuidado para não ser invasivo logo de cara.
4. **Nos eventos, chegue mais cedo.** Chegar antes de ter muita gente no lugar pode ajudar você a se adaptar ao ambiente e começar conversas com mais tranquilidade, sem pressão.
5. **Prepare-se para as conversas.** O grande segredo do bom networking não é falar muito, mas saber ouvir. Então, pesquise e estude antes o assunto da conversa para fazer as perguntas certas, na hora certa.

Recapitulando...

Sempre que você pensar em criar conexões no mundo dos negócios, lembre-se de não se prender apenas ao imediato. Deixe de lado o seu interesse de agora e pense em construir uma rede de relacionamentos desinteressada, que transcenda o presente. Essa, sim, é a base sólida sobre a qual o seu sucesso vai ser construído, apoiada em confiança, respeito e colaboração.

E não se esqueça: um bom networking é desinteressado e nunca, jamais, de maneira nenhuma deve ser pensado como uma estratégia para resolver um problema seu de agora. Mas, calma! Esse é o assunto do próximo capítulo, e você já vai saber por que a generosidade é um bom negócio.

Checklist

- Conecte-se com as mais diversas pessoas e de várias áreas. Não se prenda ao seu segmento ou ao benefício imediato esperado.
- Escute as pessoas e pontue sua visão sobre o assunto.
- Aproveite a sua rede de contatos atual para expandir o seu networking.

Para manter e fortalecer o networking, é preciso se lembrar de manter contato e se interessar pelas pessoas que já estão ao seu redor.

@claudio_saints

Generosidade dá lucro

capítulo 08

*S*er empresário é como jogar xadrez. Tem que se movimentar no tabuleiro e, ao mesmo tempo, jogar com a mente sem se perder da estratégia.

Esse foi o pensamento de Fábio depois de passar pela última turbulência em seu negócio recém-criado. Ele estava pouco a pouco se familiarizando com os desafios de empreender, aparando as arestas aqui, ajustando expectativas ali... mas sempre seguindo, já mais tranquilo em relação às suas escolhas diárias.

O café de negócios estava dando certo. Além das adaptações imediatas feitas no espaço para atrair empresários, consultores e vendedores, ele mudou o cardápio para incluir pratos e bebidas especiais e poder atender às necessidades dos profissionais que usavam o café para trabalhar em seus projetos.

Estava bonito de ver! Fábio se orgulhava dos acordos importantes fechados ali, bem na hora do almoço ou do lanche da tarde. Empresários da região utilizavam o espaço para reuniões, consultores marcavam encontros com clientes e fornecedores faziam apresentações de seus produtos e serviços em um ambiente acolhedor. A cafeteria estava se tornando um ponto de encontro muito procurado para networking e fechamento de negócios.

Como tudo na vida do empreendedor é um eterno ajuste entre avançar e reduzir a marcha de maneira calculada, Fábio já tinha ganhado um pouco de experiência para perceber qual seria o próximo gargalo. Com o aumento da clientela e a ocupação do espaço, a cafeteria começou a ficar muito cheia em alguns horários, e a qualidade do atendimento estava sob pressão.

Dessa vez, antes de deixar a coisa desandar, afetar o negócio e sua vida pessoal, ele identificou o problema antes que crescesse e começou a pesquisar por soluções preventivas, digamos assim.

Com a mente em paz, muitas ideias boas foram surgindo.

A primeira opção para não comprometer a qualidade nos horários de pico era aumentar o preço dos produtos. Mas ele torceu o nariz para esse pensamento. *Isso pode me custar mais caro no futuro, não posso mudar o posicionamento assim de uma hora para outra.*

Por isso, ele optou por uma abordagem diferente. Decidiu fortalecer o networking e a generosidade em seu negócio.

Sim, você leu certo: generosidade!

Fábio percebeu que era um desafio para os seus clientes se manterem atualizados em técnicas de vendas, marketing, comunicação e outros temas. Por isso, ele começou a organizar workshops e eventos em parceria com especialistas nestas áreas para que seus clientes pudessem aprender mais, trocar experiências com outros empresários e compartilhar seus desafios. E fez isso sem cobrar nada porque, afinal, eram *seus* clientes, e eles já estavam pagando com a preferência por seus cafés e almoços especiais.

Os eventos gratuitos foram um sucesso. A abordagem não só aliviou a pressão sobre o espaço nos horários muito cheios, como também fortaleceu os laços com a clientela. Além de escolher a cafeteria do Fábio por ser um espaço voltado para negócios, as pessoas agora a viam como a sede de uma comunidade de troca de conhecimentos e aumento da rede de relacionamentos. Naturalmente, eles passaram a ser embaixadores da marca.

Daí, uma coisa inesperada aconteceu!

Ao promover esses encontros, Fábio é que saiu ganhando, tanto em aumento de faturamento quanto em aprendizado como empresário. Um dos palestrantes, certa vez, explicou sobre a teoria do "dar e receber", e Fábio viu – na prática – que a generosidade era um bom negócio.

★ ★ ★

Adam Grant, psicólogo organizacional e professor da Wharton School, nos Estados Unidos, explica no livro *Dar e receber: uma abordagem revolucionária sobre sucesso, generosidade e influência*[22] que, ao contrário do que muita gente pensa, as pessoas mais bem-sucedidas na vida e na carreira não são as egoístas, aquelas que pensam em si primeiro, adeptas da regra "se a farinha é pouca, o meu pirão primeiro" – para citar um ditado popular. Diferentemente disso, os que chegam muito mais longe e têm mais sucesso nos negócios e na vida são os que ele chamou de doadores.

Em um mundo em que a cultura do "cada um por si" tem se naturalizado, se tornado mais comum, as pessoas se voltam para seus próprios interesses e não percebem as vantagens de ajudar os outros. No entanto, essa mentalidade é prejudicial, pois coloca os indivíduos em um modo estressante de escassez e falta de confiança geral – em si e nas pessoas à volta.

A partir de suas pesquisas, o autor diz que existem três tipos de pessoas no contexto das interações profissionais e da reciprocidade: os tomadores, os doadores e os compensadores.

Os tomadores são aqueles com tendência a serem mais agressivos e impetuosos no ambiente de trabalho e nas relações. Priorizam seus interesses acima de tudo, buscam o máximo de vantagem possível em cada negociação ou interação. Essas pessoas:

> gostam mais de receber do que dar. Fazem a reciprocidade pender para o seu lado, colocando os interesses próprios à frente das necessidades alheias. [...] Acreditam que o mundo é um lugar competitivo, uma luta de cão e gato. Acham que, para alcançar o sucesso, precisam ser melhores que os outros. Para demonstrar sua competência, se autopromovem e se empenham em obter o máximo de créditos por seus esforços.[23]

Os compensadores trabalham no esquema "toma lá, dá cá", tentando compensar o dar e receber, fazendo favores para cobrar depois. Eles

---

[22] GRANT, A. **Dar e receber**: uma abordagem revolucionária sobre sucesso, generosidade e influência. Tradução de: Afonso Celso da Cunha Serra. Rio de Janeiro: Sextante, 2014.
[23] *Idem*, p. 6.

se preocupam em promover trocas equilibradas para não sair perdendo. Algumas vezes, se colocam na posição de ajudar o outro, mas estão sempre pensando lá na frente, encarando esse favor como um investimento com futuro. O preço a ser cobrado pela doação momentânea pode variar, mas essa atitude também é um mecanismo de defesa contra os tomadores.

Já os doadores são as pessoas que se antecipam em ajudar os outros, gerando uma rede positiva de apoio e cooperação, sem expectativas imediatas de retorno. Para Grant:

> Enquanto os tomadores tendem a ser mais voltados para si mesmos, avaliando o que podem receber, os doadores são mais voltados para os outros, dedicando mais atenção ao que podem oferecer. Essas preferências não se limitam a dinheiro: os doadores e tomadores não se distinguem por quanto dedicam à filantropia nem pelo que oferecem aos empregados. Em vez disso, os doadores e tomadores se diferenciam em suas atitudes e iniciativas. Os tomadores ajudam os outros de maneira estratégica, de forma que os benefícios para si próprios superem os custos pessoais. Os doadores fazem outra análise de custo-benefício: oferecem algo quando os benefícios para os destinatários superam os custos pessoais. Ajudam sem esperar nada em troca. Quem é doador no trabalho simplesmente se esforça para ser generoso ao compartilhar seu tempo, sua energia, seus conhecimentos, suas habilidades, suas ideias e seus contatos com outras pessoas que podem se beneficiar desses recursos.[24]

Em suas pesquisas, Grant percebeu que os doadores estão ao mesmo tempo na base e no topo da pirâmide do sucesso profissional, enquanto os tomadores e compensadores estão sempre no meio.

Como explicar isso? Bem, eu sugiro que você leia o livro para entender todos os argumentos do autor, mas um deles merece destaque aqui: os doadores começam em desvantagem porque se importam menos com eles mesmos e não visam resultados imediatos. Mas, com o tempo, isso se transforma em uma vantagem gigantesca, pois esse comporta-

---

[24] GRANT, A. *op. cit.*, p. 6.

mento ajuda na construção linear de uma boa reputação e faz crescer a confiança e a credibilidade.

Se no passado construir reputação e uma vasta rede de relacionamentos demorava muito, no mundo conectado de hoje em que tudo é muito mais visível e está nas vitrines das redes sociais, os doadores aceleraram o processo para chegar ao topo e fincarem bandeira por lá.

Além disso, as grandes mudanças na estrutura do trabalho, dos negócios e das interações interpessoais aumentaram, e muito, as vantagens desse tipo de reciprocidade. As marcas mais bem-sucedidas são as que criam comunidades em torno não só de seus produtos e ofertas, mas de suas ideias e seus valores. Agir com generosidade, pensando no próximo e no ambiente em que todos vivem se tornou um negócio muito mais atrativo do que ser voraz na busca do lucro a qualquer preço.

Quem é generoso, no fim das contas, cria relações mais fortes e confiáveis e estabelece uma rede ampla e poderosa ao longo do tempo – o que leva a mais oportunidades e muito mais realizações.

Gentileza gera gentileza

Doar mais do que receber tem sido a premissa da minha vida desde sempre. Aprendi com a minha mãe, a pessoa mais generosa que conheço, e sigo acreditando que esse é o melhor caminho não só para o sucesso na carreira, mas para a felicidade.

Afirmo que 90% das coisas que faço não têm, necessariamente, um ganho. E tem funcionado muito bem assim para mim!

Faço questão de ceder espaço no meu escritório e no meu negócio para pessoas do Brasil apresentarem seus projetos em Portugal. São coisas que nem sempre têm a ver com o que eu faço, mas tenho certeza de que essa troca é rica para todos.

Sei que pode parecer inocente, e, talvez, você acredite em quem diz que o mercado é cruel, é para os fortes, para aqueles que estão dispostos a tudo (inclusive passar por cima dos outros) para conquistar a glória. Mas, do lado de cá, eu prefiro o caminho da generosidade e da gentileza.

Tenho bons motivos para acreditar que a vitória é mais bem servida e saboreada assim.

Na minha empresa, tenho vários projetos de incentivo aos colaboradores que vejo como "doação" de oportunidades. Tenho muito orgulho do trabalho que desenvolvemos com os formadores da Stepforma, um AVA (ambiente virtual de aprendizagem) que faz parte do portfólio da Next Opinion. Estamos sempre buscando abrir mais portas para eles, oferecendo cursos externos e buscando conteúdos para o seu desenvolvimento pessoal e profissional. Fazemos uma espécie de "networking dentro de casa" que faz o colaborador se sentir participante efetivo daquele ecossistema. Então, ele é beneficiado direta e indiretamente com essa política interna.

Nos eventos externos que promovemos, sempre me envolvo com etapas que não necessariamente são da minha área. Por exemplo: em um dos últimos que fizemos, eu poderia ficar envolvido só com a parte de tecnologia, mas me predispus a fazer os convites, a ajudar o pessoal do marketing, doar um pouquinho mais do meu tempo para convidar as pessoas e colaborar com o projeto. Isso gera um networking bom porque estou sempre "me doando".

Acredite no que eu digo: quando as pessoas pensam em fazer networking apenas com a intenção de pedir algo, ganhar alguma coisa, elas se colocam na posição de submissão. Já quando se doam, estendem a mão primeiro, fazem o movimento ativo em direção a uma outra pessoa, elas rompem essa barreira da submissão e passam a ser parceiras. E isso faz toda a diferença.

Como escreveu Adam Grant, "quem doa primeiro em geral se posiciona melhor para o sucesso posterior".[25] E o complemento dessa ideia está em outra parte do livro: "A melhor maneira de avaliar alguém é ver como trata as pessoas que não lhe podem oferecer nada".[26]

---

25 GRANT, A. *op. cit.*, p. 209.
26 *Idem*, p. 26.

Para se lembrar, sempre

Construir e manter bons relacionamentos é essencial para quem quer vencer na vida, em todos os sentidos. Nos negócios, acredito que alguns princípios são fundamentais para quem quiser se tornar um fabricante de oportunidades.

- Seu relacionamento com seus colaboradores tem que ser ótimo, objetivo e transparente.
- Seu relacionamento com seus fornecedores tem que ser produtivo e é importantíssimo para fazer o seu produto dar certo.
- Seu relacionamento com o mercado financeiro tem que ser excelente, pois servirá para alavancar seus negócios.
- Seu relacionamento com os clientes tem que ser engajado para fazê-los ficar ao seu lado para sempre.
- Seu relacionamento com os concorrentes tem que ser competitivo e rico em ética e respeito.
- Seu relacionamento com sua família tem que estar bem para todo o restante ser verdadeiro. Afinal, esse é o seu alicerce.
- Se algum dos pilares acima não estiver bem, reveja-o, modifique-o, troque-o, mas nunca o negligencie!
- Com tudo isso bem cuidado e entrelaçado, seu negócio vai voar rápido.
- Se você ficar recluso como um eremita e não criar relacionamentos, estará morto no mercado. Relacionamentos bem construídos geram confiança, e isso é definidor para a prosperidade nos negócios.
- Por fim, entenda: o bom networking é responsável por 80% do sucesso. Então, fique por perto de quem vai melhorar você.

Checklist

- Evite monopolizar as conversas com seus próprios interesses.

- Compartilhe informações valiosas, dicas e conhecimentos relevantes com os seus contatos.
- Seja ponte entre pessoas que possam se beneficiar umas das outras, criando conexões significativas.
- Cumpra todas as promessas que faz.
- Esteja disponível para ajudar e apoiar as pessoas de maneira consistente, não apenas esporadicamente.

Leia o QR Code para acessar a plataforma de gamificação e ampliar seu conhecimento sobre o assunto deste capítulo.

https://qrco.de/fabricante08

Relacionamentos bem construídos geram confiança, e isso é definidor para a prosperidade nos negócios.

@claudio_saints

Adote mentores

capítulo 09

Na saga cinematográfica *Star Wars*, Yoda é o mestre Jedi que guia o personagem principal, Luke Skywalker, e outros aprendizes na luta do bem contra as forças do mal.[27] Em *O senhor dos anéis*, Gandalf lidera Frodo e seus companheiros em uma jornada épica para destruir o anel do poder.[28] Nos livros da série *Harry Potter*, Dumbledore sempre aparece para instruir Harry a se conhecer, compreender sua história e seu destino e a enfrentar desafios possíveis apenas para os bruxos iniciados e destemidos.[29]

O cinema e a literatura estão repletos de histórias de heróis que só conseguem vencer seus medos, ultrapassar grandes obstáculos e viver aventuras épicas, com feitos grandiosos no final, depois de terem encontrado e seguido os conselhos de mestres que lhe fornecem o elixir mágico da sabedoria.

Da mesma maneira, você, empreendedor, pode e deve buscar orientação de pessoas sábias, encontrar seu Yoda, Gandalf ou Dumbledore da vida real para treinar sua mente, desenvolver habilidades e iluminar seus caminhos para enfrentar os desafios do mundo empresarial e conquistar grandes feitos.

---

27 STAR Wars. Direção de: George Lucas. Los Angeles: Lucasfilm Ltd., 1977.

28 O SENHOR dos Anéis: a sociedade do anel. Direção de: Peter Jackson. Londres: New Line Cinema, 2002.

29 ROWLING, J.K. **Harry Potter e a Pedra Filosofal**. Tradução de: Lia Wyler. Rio de Janeiro: Rocco, 2000.

Mas há uma diferença do lado de cá das páginas ou das telas, principalmente nos tempos atuais, em que tudo está a um clique de distância com a internet e a inteligência artificial.

Você pode *adotar* mentores, mesmo que eles não tenham ideia de que você os tem nesta posição. Eu fiz isso. Sem os mestres que me ensinaram no início de cada jornada empreendedora, minha trajetória não teria sido a mesma.

Lembra-se do Shu, de ShuHaRi, de que falamos no capítulo 4? Essa é justamente a fase do aprendizado e da obediência, quando encontramos um mestre com capacidade de iluminar nossa mente.

Minha primeira mentora na área profissional nunca sequer separou uma hora de sua vida para me orientar exclusivamente. Não com essa finalidade, pelo menos. E o tanto que ela me ensinou foi determinante para eu entender como o conhecimento tem braços elásticos e pode envolver todos os que se dispõem a abraçá-lo.

Quando estava nos primeiros anos da faculdade, trabalhava no núcleo de processamento de dados da Secretaria de Saúde de Alagoas para me manter, ajudar em casa e comprar o material do curso de Contabilidade.

Fui contratado naquela época para fazer a conferência dos digitadores, e era um martírio! Formulário com 132 colunas impresso nas impressoras matriciais, os números eram minúsculos, e, por total falta de condições financeiras naquela época, eu nunca tinha encostado em um computador. Para você ter ideia, eu nem sabia o que era um estabilizador – naquela época, um PC custava o preço de um carro e nem existia o Windows, que popularizou o computador anos depois.

Mas eu enxerguei ali uma oportunidade de aprender sobre aquele equipamento novo e caro que estava na minha frente. Pedi a várias pessoas que me ensinassem a digitar os comandos (era tudo em *prompts*, tela verde e tudo mais...), mas adivinha? Ninguém tinha tempo, muito menos paciência para me ajudar.

Então, passei a observar e anotar o que outras pessoas faziam, chegando antes do meu horário ou indo embora depois para ensaiar os comandos com o computador desligado.

Uma coordenadora me viu fazendo aquilo pelo menos três vezes por semana. Tomei coragem, lustrei minha cara de pau e perguntei a ela se poderia me dar umas dicas com o computador ligado. Eu me lembro até hoje do que ela respondeu: "Para eu te ensinar, você vai ter que chegar na minha hora de almoço. Enquanto eu almoço do seu lado, você vai praticando, pode ser?".

Concordei na hora. E assim fizemos.

Para encurtar a história, em menos de um ano eu já era mais que digitador, eu me tornei operador de informática.

Anos depois, usei a mesma tática. Quando comecei na área de consultoria educacional, meu trabalho era apoiar a logística e o comercial, mas eu quis aprender ainda mais para me inteirar de todo o processo.

Então eu ficava acompanhando os passos dos consultores, observava as suas estratégias e os materiais utilizados. Após alguns meses, como já relatei, pedi ao melhor de todos eles que me tirasse algumas dúvidas, e ele topou. Negociei com minha diretora para chegar todo dia uma hora mais cedo para poder ter um dia livre e viajar aprendendo.

Aquelas viagens serviram como um MBA em gestão educacional, entre uma curva e outra da estrada. Por causa daquele conhecimento, acabei me tornando sócio da consultoria e depois, quando saí de lá, abri uma empresa só minha na mesma área.

As vozes da experiência

Digo sem sombra de dúvidas que meu crescimento foi apoiado nos ombros de gente maior que eu – muitas vezes, meus mentores foram autores de livros, palestrantes ou professores de cursos digitais que nunca ficaram sabendo da minha existência. Mas eu estava lá, do outro lado, absorvendo cada palavra e internalizando como aquilo podia ser aplicado no meu negócio e na minha vida.

Todo empreendedor que busca o crescimento e o sucesso – e se você não busca isso, repense tudo agora! – precisa se valer da orientação e do aprendizado vindo de pessoas mais experientes. Esses mentores são fonte inestimável de sabedoria, com insights valiosos e inspiração para a sua jornada, e podem acelerar seu sucesso e até seu fracasso. Sim, porque se for para errar, melhor errar e aprender rápido.

Mesmo que essas pessoas não saibam que você as considera mentoras, seja obediente e absorva tudo o que puder dessas experiências. Mais que isso: observe o que elas fazem nos bastidores, perceba até o que não compartilham. Há ensinamentos importantíssimos no comportamento de quem tem sucesso, muitas vezes mais valiosos que aquilo que elas mostram de maneira intencional.

E se você tiver o privilégio de ter mentores reais, aqueles que pegam na sua mão e o conduzem pelo melhor caminho no menor tempo possível, então... considere-se afortunado.

Ela fez acontecer

Sheryl Sandberg é uma das mulheres mais bem sucedidas do mundo. Ela é ex-COO (diretora de operações) da Meta, antigo Facebook, ex-presidente de vendas e operações do Google, e atualmente dedica-se ao seu projeto *Lean In Girls*, um programa de liderança que ajuda meninas "a se verem como líderes em um mundo que muitas vezes lhes diz que não o são".[30]

Ela faz questão de dizer aos quatro ventos e para quem quiser ouvir que não seria nada em sua carreira se não fossem seus mentores. Sua jornada profissional, de fato, é uma prova do impacto que um bom mentor pode ter no sucesso de uma pessoa.

Quando era estudante de economia em Harvard, ela foi orientada em seu trabalho de final de curso por Larry Summers. Quis o destino que, mais tarde, ele fosse convidado a ser Secretário do Tesouro no governo do presidente Bill Clinton, para onde levou sua mentorada.

O mentor não apenas ensinou lições valiosas sobre liderança e sobre o mundo dos negócios, como também proporcionou a Sheryl oportunidades de ganhar experiência prática e interagir com pessoas influentes naquela época.

Foi sob a orientação de Larry que ela aprimorou outras habilidades importantes no mundo da gestão empresarial e desenvolveu a auto-

---

[30] HELPING girls lead. **Lean in girls**. Disponível em: https://www.leaningirls.org/. Acesso em: 04 dez. 2023.

consciência e autoconfiança que lhe faltaram muitas vezes na juventude, como ela mesmo conta. Isso a ajudou muito quando, anos mais tarde, foi convidada para assumir cargos de liderança em empresas como Google e Facebook.

Foi seu sucesso no Facebook, inclusive, que lhe rendeu a reputação de ser uma das empresárias mais bem-sucedidas e influentes do mundo inteiro. E com razão: quando ela foi contratada por Mark Zuckerberg, em 2008, a rede social era apenas um embrião da gigante que se tornaria. Sheryl foi a responsável por implementar os anúncios da plataforma e, em pouco tempo, transformar uma operação que dava prejuízos milionários em uma das empresas mais lucrativas e bilionárias do mundo.

No best-seller *Faça acontecer*,[31] ela destaca como foi importante para a sua carreira ter contado com os ensinamentos de vários mentores. Além de Larry, Eric Schmidt, ex-CEO do Google, foi fundamental em sua transição para a tecnologia e a desafiou a expandir suas habilidades e seus conhecimentos na área. E o próprio Zuckerberg, apesar de muito mais novo que ela, foi um mentor notável porque a encorajou a trazer suas ideias e experiência para um negócio inovador.

Encontre vários mentores

Até aqui você já deve estar convencido da importância de encontrar um mentor para chamar de seu e de como isso vai impulsionar o seu negócio. Mas cuidado para não interpretar o meu conselho ao pé da letra.

Não quero dizer para você buscar apenas *um* mentor para a sua atuação no mundo dos negócios. Na verdade, se você fizer isso, pode até sair no prejuízo. O melhor é que você tenha *vários* mentores ao longo da sua jornada.

Vou explicar.

O mentor é um indivíduo capaz de ensinar com suas próprias experiências anteriores. Se você fizer as perguntas certas, pode ter a pers-

---

[31] SANDBERG, S. **Faça acontecer**. Tradução de: Denise Bottmann. São Paulo: Companhia das Letras, 2013.

pectiva dele sobre determinados assuntos, como ideias que podem dar mais retorno, estratégias que poupam tempo e esforço ou ainda técnicas para aumentar os ganhos do negócio. Esses conselhos serão, claro, moldados pela carreira dele até ali, seus valores e objetivos pessoais.

Isso significa que, por mais bem-intencionados que sejam, os conselhos podem ser tendenciosos e não se aplicar à sua realidade naquele momento.

Você pode ter uma perspectiva muito mais valiosa se "triangular" os ensinamentos de mais de uma pessoa. Pode pegar pedaços de orientações do que cada um pode oferecer de melhor e decidir por si mesmo quais fazem mais sentido e são mais adequados ao seu negócio ou projeto agora.

No ShuHaRi, essa é a fase do Ha, a etapa em que você absorve os conhecimentos e traça as melhores rotas, com apoio de seus orientadores, para chegar ao seu objetivo.

Outra questão é a seguinte: é bastante improvável que um só mentor seja especialista em todas as áreas nas quais você precisa de apoio. Você vai precisar de pessoas com visões e conhecimentos diferentes para cada etapa e cada setor do seu empreendimento. Se você não tem todas as respostas, não é realista esperar que qualquer pessoa as tenha!

Por isso, não busque um único mentor. Tenha vários. E repito: adote-os mesmo que eles nem saibam que estão nesse lugar.

Seja mentor também!

Não é só o mentorado que ganha em uma relação de mentoria. Pode não parecer, mas o orientador se beneficia muito quando se coloca na posição de ensinar o que sabe e se doar – já falamos sobre isso no último capítulo, lembra?

Quem ensina, ganha:

- *Realização pessoal,* porque é muito gratificante participar do crescimento profissional de outra pessoa;
- *Realização profissional,* porque, ao desenvolver o outro, ele também continua se desenvolvendo;

- *Autoestima* ao perceber que os resultados do mentorado só foram possíveis com a orientação certa e precisa;
- *Chance de deixar um legado*, já que a relação construída e os resultados podem impactar outras pessoas no futuro;
- *Atualização técnica*, pois tem a chance de ampliar a sua bagagem e se atualizar em novas habilidades e novos conhecimentos;
- *Reconhecimento*, tanto da organização quanto do mentorado para o resto da vida;
- *Preparação* para voos mais altos, pois mentorar alguém dá segurança e coragem para enfrentar outros desafios;
- *Networking*, pois, ao ajudar outras pessoas, o mentor amplia sua rede de contatos e sua base de aliados.

E não se engane: você também pode ser mentor de alguém neste exato momento. Você não precisa ser o Yoda nem o Dumbledore, esqueça a figura do mestre barbado e sereno, detentor de toda a sabedoria do universo, como a única pessoa capaz de orientar outro ser humano. Se você tem domínio sobre algum conhecimento e pode contribuir com a trajetória de uma pessoa que sabe menos que você em determinada área, seja aquele que vai iluminar caminhos.

Vai por mim, vale muito a pena! Complete o Ri de ShuHaRi e ganhe agilidade em sua trajetória empreendedora.

A esta altura, se você tem absorvido bem os princípios que estou compartilhando neste livro e feito os exercícios de checklist a cada capítulo do método, você já é capaz de montar um plano campeão para transformar sua realidade. Mas muita calma nesta hora. Tem muito chão para caminharmos juntos ainda.

Para se tornar um perito na arte de fabricar oportunidades, você ainda precisa dominar outros passos importantes. O próximo foi algo que já mencionamos aqui: aprender com os erros. Mas não apenas os seus erros. Se você for capaz de aprender com os erros alheios, você vai economizar dinheiro, tempo e analgésico (para que remédio se você vai poupar dor de cabeça aprendendo com a cabeçada dos outros?).

Checklist

- Liste pessoas de sua rede ou fora dela que você admira por suas realizações e experiência.
- Dedique algum tempo para observar como seus potenciais mentores abordam desafios e oportunidades.
- Se puder, peça conselhos específicos relacionados aos desafios ou objetivos que você está enfrentando agora.
- Transforme esses insights e lições que você aprendeu em ações concretas a serem implantadas agora.

Leia o QR Code para acessar a plataforma de gamificação e ampliar seu conhecimento sobre o assunto deste capítulo.

https://qrco.de/fabricante09

Se você tem domínio sobre algum conhecimento e pode contribuir com a trajetória de uma pessoa que sabe menos que você em determinada área, seja aquele que vai iluminar caminhos.

@claudio_saints

Aprenda com os erros... dos outros!

capítulo 10

Vamos ser sinceros aqui? Ninguém gosta de errar! Ninguém acorda cedo, levanta da cama, toma seu café quentinho e come seu cuscuz (*sim, como bom nordestino meu cuscuz é sagrado!*) e diz para si mesmo: "Vou ali no escritório tomar uma decisão errada e perder um pouquinho de dinheiro". Quem é o doido que faz isso?

Ou, então, quem é a pessoa altamente iluminada, quase um monge budista, que abre sua planilha financeira do mês e percebe que as contas fecharam no vermelho por causa daquele produto errado, lançado na hora errada, sem aceitação nenhuma do mercado e continua em estado de nirvana porque sabe que "não devemos nos apegar às coisas porque tudo é impermanente, tudo se transforma nesta terra e caminha para a sua própria resolução?".

Eu queria ser assim, juro mesmo! Só que não cheguei ainda nesse lugar. Mas, brincadeiras à parte, aprendi bastante sobre o erro na minha vida para entender duas coisas muito simples:

1. Ele acontece, ainda que não queiramos. E sempre podemos aprender algo com cada erro, então é melhor errar rápido e corrigir rápido.
2. Muitos erros podem ser evitados, se desenvolvermos a capacidade de aprender com os erros dos outros e observar as situações semelhantes às nossas.

Vou explicar melhor o que penso sobre esses dois pontos.

Errar é humano. *Será?*

Christian Dunker, psicanalista e professor do Departamento de Psicologia Clínica da USP, diz que existem três estágios de negação da verdade: o erro, a ilusão e a mentira. Em entrevista ao Jornal da USP, ele disse:

> Historicamente, o erro tem que ver com uma certa desorientação em relação ao saber. As três figuras que são negações da verdade: uma é o erro, que se caracteriza por uma certa indeterminação de para onde se vai. Mas temos também a ilusão, que seria então o contrário da boa representação, seria a falsidade do ponto de vista cognitivo. E temos também a mentira, que é a intencionalidade de manipular e produzir um estado de consciência no outro propositadamente equivocado.[32]

Quem comete um erro não sabe que está errando naquele momento. É diferente de quem está iludido porque não tem cognição para avaliar a realidade e de quem mente sabendo que está enganando alguém. O erro "saudável", digamos assim, é um caminho para a verdade, para o conhecimento. Nesse ponto de vista, errar é bom porque é uma etapa do conhecimento, ajuda as pessoas a aprender.

Então, sim! Errar é humano, como diz a psicologia. E distinguir erro de ilusão e de mentira é preciso para saber se ele vai levar ao aprendizado ou se vai ser danoso para o indivíduo.

No mundo do empreendedorismo, talvez possamos dizer que o erro é a coragem de tomar atitude querendo acertar, enquanto a mentira é o ato de fazer algo que já se sabe que não vai dar certo, tentando prejudicar algo ou alguém. No primeiro caso, a pessoa aprende. No segundo, apenas perde e tem prejuízo.

O erro saudável só é cometido por quem está em movimento, concorda? E como crescer se não se movimentar, se não se arriscar e sair do ponto onde se está?

---

[32] O ERRO é transformador e muda o caminho de quem o cometeu. **Jornal da USP**, 12 ago. 2022. Disponível em: https://jornal.usp.br/atualidades/o-erro-e-transformador-e-muda-o-caminho-de-quem-o-cometeu/. Acesso em: 02 dez. 2023.

No livro *A startup enxuta: como usar a inovação contínua para criar negócios radicalmente bem-sucedidos*,[33] Eric Ries explica que em um ambiente de grande incerteza, como o atual, ter uma estrutura de empresa permeável ao erro e rápida nas ações define o sucesso ou o fracasso do empreendimento. O segredo é naturalizar o ato de errar como modo de evolução e aprendizado, em um processo cíclico de constante aprimoramento.

Essa obra já virou um clássico, e termos como *pivotagem* e *MVP* (mínimo produto viável, na tradução para o português) entraram no dicionário das empresas inovadoras. O autor diz que todos os negócios – seja o do jovem empreendedor que trabalha na garagem de casa ou a empresa já consolidada – podem ser lucrativos e escaláveis com essa metodologia.

Em outras palavras, entender o erro como parte do processo tira um peso grande das costas do empreendedor e abre margem para que ele tome atitudes que levem às oportunidades – algo que ele não faria se estivesse retraído e enclausurado em seu medo de errar.

Eu sei o que você fez no passado!

Dito isso, vamos prosseguir.

Observar com muita atenção situações semelhantes às suas, e os erros cometidos por outros é ainda melhor que errar por conta própria. Aprender com os próprios erros é bom, já falamos disso. Mas é um aprendizado que custa mais caro.

Você pode olhar ao seu redor e procurar saber onde seus concorrentes erraram, por exemplo, para fazer diferente ou para validar a sua ideia. Isso o faz ir para o próximo nível com muito menos esforço.

Entenda: aprender testando solidifica o conhecimento. Mas aprender com os outros é informação privilegiada. É como investir na bolsa já sabendo qual ação vai cair e qual vai subir no final do dia.

---

[33] RIES, E. **A startup enxuta**: como usar a inovação contínua para criar negócios radicalmente bem-sucedidos. Tradução de: Alves Calado. Rio de Janeiro: Sextante, 2019.

Claro que cada caso é um caso, as pessoas e as empresas são diferentes. Mas sempre há algo minimamente comum nas situações, e é esse mínimo que interessa. É no detalhe que o diabo se esconde – no bom sentido!

Para que essa filosofia empresarial dê certo, é preciso se colocar na arena e jogar o jogo do compartilhamento, sem medo de partilhar seus projetos. Quem não esconde suas ideias e seus projetos futuros tem muito mais a ganhar do que a perder, como se pensava antigamente (lembra quando falavam para nunca revelar seus planos para não correr o risco de ser copiado?).

Pois eu tenho convicção de que, quando você se abre, você amplia suas possibilidades infinitamente. Você pode aprender com quem está mais à frente, observar quem já deu passos que você ainda não deu e escolher caminhos melhores para seguir.

Muitas vezes, antes de iniciar um novo projeto, eu passo horas, dias e até meses pesquisando e conversando com quem já fez ou está querendo fazer algo parecido e, a partir daí, vou melhorando a minha ideia.

Vou dizer uma coisa que pode até doer: ninguém, absolutamente ninguém, consegue ter uma ideia exclusivamente sua. Tenha a certeza de que quando você tem uma ideia brilhante, quando está pensando em alguma solução, projeto ou produto, já tem um monte de gente por aí tendo a mesma ideia, em estágio até mais adiantado ou mesmo melhor que a sua.

Então, essa história de guardar segredo para ninguém copiar você e sair na frente não rola mais neste mundo tão conectado e abundante.

Para mim, a melhor prática é aprender com quem já está fazendo – e errando – e oferecer algo a mais. Isso acelera a realização dos seus objetivos e o coloca em posição mais vantajosa, inclusive.

O autor de *A startup enxuta* também fala sobre aprender com os erros e as experiências dos outros.[34] Eric Ries argumenta que muitos empreendedores falham não porque não se esforçam o suficiente, mas porque não conseguem aprender com os próprios erros e com os erros de outras pessoas.

---

[34] *Idem.*

Distinguir erro de ilusão e de mentira é preciso para saber se ele vai levar ao aprendizado ou se vai ser danoso para o indivíduo.

@claudio_saints

Para ele, o aprendizado com os erros dos outros empreendedores é importante para evitar armadilhas comuns e economizar tempo e recursos. Ao estudar casos de empresas que falharam, os empreendedores conseguem identificar padrões que podem ser evitados. Isso inclui erros como ignorar feedback do mercado, investir muito cedo em escala, não validar hipóteses e não ter agilidade o suficiente para se adaptar às mudanças.

Observe os semelhantes e mire em outros horizontes

Observar quem faz o que você faz e conseguir enxergar brechas ou falhas nos seus concorrentes para fazer melhor do que eles é meio caminho andado em direção ao sucesso. E se você me permite um conselho extra, anote mais este: não limite seu raio de visão à sua região ou à sua situação atual. Mire em quem está mais avançado que você e ocupa o lugar a que você quer chegar.

Eu sempre busquei referências nas empresas de ponta. Nunca me comparei com meus iguais, mas com quem estava alguns degraus acima de mim, porque acreditava que isso limitava a minha visão. Então, mesmo quando tinha uma empresa pequena, eu procurava pensar como as grandes para antecipar riscos, erros e acertos no futuro.

É lógico que eu sempre adequei a execução do que eu ia aprendendo e fazia as adaptações para a minha realidade. Eu sou louco, mas não sou burro! Nós precisamos conhecer o contexto do outro, mas trazer para o nosso presente. Assim, conseguimos avançar de modo mais prudente e caminhar com as próprias pernas, dando um passo de cada vez sem atropelar etapas.

Para crescer, é preciso ter planejamento, e o negócio tem que ter saúde organizacional. Se não, esse crescimento vai acontecer de maneira desordenada, e o empreendimento pode ir por água abaixo por não ter uma base sustentável para progredir. Vou contar uma história que exemplifica isso tudo.

APRENDA COM OS ERROS... DOS OUTROS!

Quando eu tinha minha loja de informática em Maceió, eu "espiei" meus concorrentes para entender o que não estava dando certo e vi caminhos que não seria prudente eu seguir. Nessas análises, percebi que não valia a pena enveredar para o ramo da manutenção e suporte de computadores, como outras empresas estavam fazendo.

Apesar de a prestação desse serviço ter uma margem de lucro boa, havia um gargalo muito grande: a mão de obra. Nesse segmento, tinha pouca gente qualificada disponível e ainda era preciso lidar com os funcionários levianos, que tiravam o cliente da empresa e prestavam o serviço por fora. Por isso, decidi me concentrar nas vendas e no aumento de volume para escalar o faturamento.

Eu também estava sempre de olho na "próxima curva", via a movimentação do mercado, as inovações que estavam acontecendo na área. De Maceió, estava de olho no que acontecia em São Paulo. Que processador está sendo mais vendido por lá? E que tipo de HD tem mais saída? Qual periférico está bombando?

Eu me lembro de quando chegaram as impressoras de jato de tinta e foi uma grande novidade poder imprimir colorido em casa. Depois, foi a vez do scanner e todo mundo queria fazer as próprias cópias dos seus documentos.

A tudo isso eu consegui me antecipar por estar sempre de olho no que acontecia fora da minha bolha regional. E é isso que eu sugiro que você faça: esteja de antenas ligadas e observe os seus semelhantes, mesmo que eles estejam longe de você!

Então...

Naturalize o erro na sua jornada empreendedora, mas prefira aprender com o erro dos outros.

Aprenda com o passado. Analise casos similares ao seu, seja em empreendimentos, projetos ou decisões importantes. Identifique os sucessos e fracassos, e extraia insights importantes que possam orientar você na tomada de decisões informadas.

Ao se basear nas experiências alheias, você terá a oportunidade de validar suas ideias antes de colocá-las em prática. Isso pode ajudar a identificar possíveis armadilhas e aumentar suas chances de sucesso.

Seja estratégico e implemente melhorias. Por meio da observação, você poderá implementar estratégias bem-sucedidas de empresas parecidas com a sua e, ao mesmo tempo, evitar cometer os mesmos erros que outros enfrentam.

Mantenha a mente aberta e a curiosidade aguçada. Disponha-se a diferentes perspectivas e considere vários cenários. Aprenda com os sucessos inspiradores, mas também com as dificuldades enfrentadas. A curiosidade é uma aliada poderosa para o crescimento.

Tudo isso vira conhecimento acumulado para o seu futuro. O aprendizado vindo da observação de experiências semelhantes às que você vive hoje se torna uma base sólida para suas futuras decisões. Além do mais, vai lhe dar a confiança necessária e o preparo para enfrentar os desafios que com certeza vão surgir.

Tem uma frase que uso sempre: "o jeito de acertar as coisas eu não sei, mas o de errar sei praticamente todos". Então se eu errar de novo nas mesmas situações, pode ter certeza de que vai ser por escolha pessoal pela burrice.

Checklist

- Analise casos ou situações semelhantes à sua ideia ou projeto atual.
- Estude muito bem esses casos para identificar o que deu certo e o que deu errado em cada um deles.
- Identifique padrões e tendências que podem ser aplicados à sua própria ideia ou estratégia.
- Utilize as lições aprendidas para adaptar ao seu negócio ou plano de ação.

APRENDA COM OS ERROS... DOS OUTROS!

Leia o QR Code para acessar a plataforma de gamificação e ampliar seu conhecimento sobre o assunto deste capítulo.

https://qrco.de/fabricante10

Contrate a sua síndrome do impostor

capítulo 11

De inimigo a aliado, meu maior sabotador hoje me ajuda a cavar oportunidades de crescimento em vez de me travar. Estranho? Nem um pouco. Vou contar como você também pode fazer isso e reprogramar e traçar uma nova rota de possibilidades para mudar sua realidade.

Com minha experiência empreendedora, percebi que existem dois tipos de sabotadores poderosos: os externos e os internos.

Os sabotadores externos são aquelas pessoas próximas que muitas vezes nem conhecem você direito, mas fazem questão de dar "conselhos", direcionamentos ou críticas supostamente construtivas. Porém são palavras carregadas de pessimismo e até inveja pela sua coragem de fazer algo que elas não fizeram.

Esses são os "profetas do apocalipse", os "engenheiros de obras prontas" ou "especialistas em pitaco", como gosto de chamar. São os pessimistas de plantão, gente que gosta de se dizer realista quando, na verdade, é derrotista, incrédula, medrosa e agourenta. Querem a qualquer tempo desmerecer o seu otimismo e os seus projetos.

O outro tipo são os sabotadores internos. E esses são ainda mais perigosos porque dormem e acordam com você, dia e noite, ano após ano. Eles vão contando histórias trágicas no seu ouvido que, pouco a pouco, minam a sua autoconfiança e levam você a desacreditar em si mesmo.

Eu enfrento os meus sabotadores de estimação desde a infância – até por causa da minha história de vida, por ter saído do menos dois na escala socioeconômica – e desenvolvi um sistema de proteção que me blinda da negatividade ou me traz de volta ao meu eixo quando eles chegam para se estabelecer.

Antes de lhe contar como eu lido com os sabotadores e os venço, vamos conhecer melhor cada um deles.

Os sabotadores externos

Existem várias figuras dessa espécie, e você vai encontrá-las em cada esquina. Eu já lidei com tanta gente assim que desenvolvi até um glossário para identificá-las.

O que mais tem por aí são profetas do apocalipse. É aquele cara que sempre tem uma catástrofe para contar e transforma cada pequeno problema em uma grande tragédia. Para ele, sempre vai acontecer o pior.

Tempos atrás, eu estava indo para a Argentina para participar de uma reunião sobre o mercado imobiliário, um projeto bem interessante, por sinal. O encontro seria em uma cidade pequena do interior do país e, nessa viagem, estava indo também um desses "profetas".

Na época, as companhias aéreas estavam exigindo comprovante de vacinação para embarcar, e estávamos tendo problema para imprimir o certificado pelo site do governo. Desde aquele momento, ele já foi fazendo suas previsões: "Não vamos conseguir embarcar, vamos perder esse voo, isso não vai dar certo...".

Embarcados, era o tempo todo dentro do avião: "Será que essa cidade existe mesmo? Será que não estão nos enganando?". E foi assim, a viagem inteira fazendo terrorismo.

Quando chegamos à Argentina, já dentro do táxi, ele atendeu a um telefonema da esposa e disse para ela assim: "Olha, acho que agora vai dar tudo certo porque tudo o que tinha de dar errado já deu!".

Naquele exato momento, o carro começou a falhar. E eu, que sou uma pessoa paciente, divertida, não pude me conter e disse: "Rapaz, feche a sua boca pelo amor de Deus!".

Esses são os tais profetas do apocalipse, pessoas que preferem ver o copo meio vazio, optam por olhar tudo pelo lado negativo, parecem se sentir bem pressentindo o mal, adoram ser "precavidos".

A outra espécie é o engenheiro de obra pronta. É a pessoa que, enquanto você está trabalhando em algo, não ajuda em nada. Depois de tudo pronto, chega para dar opinião: "Você deveria ter feito assim, deveria ter feito assado". Esse sabotador nunca fala nada bom, nunca está lá na hora de colocar a mão na massa, só chega depois com seu discurso pessimista pronto e ensaiado.

Tem também o especialista em pitaco. É o famoso lacrador, tem sempre uma opinião formada sobre tudo e todos, sabe de tudo – de parto de pulga a atracamento de navio, de vender penico à bomba atômica. Esse é o tipo que nunca realizou nada, mas é cheio de "conhecimento" e fica no seu ouvido despejando sua bagagem de especialista em nada.

Outro sabotador de plantão é o precavido até demais. Esse é o medroso, aquele que fala "só estou te avisando para nada dar errado e depois você não vir dizer que eu não avisei!".

Tem também o inveja-man, que é o invejoso clássico. Para ele, o mundo é injusto o tempo todo. Não está satisfeito com a própria vida e coloca defeito na dos outros porque ele é quem deveria estar ali.

Nesse grupo, existem também os sabotadores que ficam dentro das empresas.

O primeiro deles é a verruga corporativa. O que é uma verruga? É um pedaço de carne e pele que faz parte do nosso corpo, está vivo, faz parte de nós, mas não serve para nada. Para mim, a verruga corporativa é aquele cara que está na empresa, mas não trabalha para valer, não se coloca na posição de servir. Consome os recursos do time, mas não acrescenta nada de bom e, sempre que pode, tira mais um pouco do "sangue" dos colegas e do empresário.

Depois, tem o desnecessário por opção, que não tem interesse em fazer nada. Ele faz questão de ser desnecessário até o time realmente aprender a viver sem ele. É o primeiro estágio da verruga corporativa.

Existem também os empolgados por nada. Esses até atrapalham com tanta empolgação, sabe? É uma euforia aleatória, não tem nenhum motivo para tanta animação, mas ele quer ser o cara superpositivo em qualquer situação. É algo forçado, não é genuíno e acaba prejudicando os resultados.

E então encontramos o puxa-saco, o mais perigoso de todos, na minha opinião. Ele não avisa que você está indo para o buraco porque não quer contrariá-lo, mesmo vendo que a empresa está afundando.

O corajoso demais, aquele que se lança sem medidas, acaba levando-o para lugares aonde você não deveria ir.

Nessa esteira também temos o vitimista profissional, aquele que se vitimiza para conseguir algo, usa de sua empatia para conseguir algum benefício. Nunca se esqueça: o vitimista é, antes de tudo, um manipulador.

E, por fim, tem o representante comercial do problema. É a pessoa que cria vários problemas para depois vender as soluções para os pepinos que ele inventou.

No geral, todas essas pessoas têm mania de terceirizar a culpa. Nunca nada é culpa delas: é culpa da economia, da inflação, dos juros altos, do governo, dos ricos, de Deus, do diabo... Elas falam coisas como "tentei de tudo", "fiz tudo o que pude fazer"... Nunca assumem suas responsabilidades e suam para trabalhar de fato.

E como lidar com todos esses sabotadores externos?

É muito simples: se você estiver ao lado desse tipo de pessoa, saia de perto o mais rápido possível. Primeiro aprenda a reconhecê-la e, depois, não se demore ao lado de quem o puxa para baixo.

Já se você for essa pessoa, tome consciência e comece a mudar seus pensamentos e suas ações a partir de agora.

Os sabotadores internos

Esses são os seus inimigos internos, as vozes na sua cabeça que implantam crenças e suposições na sua mente e que trabalham contra a sua evolução. São tão presentes que acabam se tornando padrões mentais automáticos e constantes no seu dia a dia.

Existem vários destes sabotadores: o perfeccionismo, o prestativo em excesso, o workaholic, o hipervigilante, o crítico, a vítima... a lista é longa. Mas, o pior deles, na minha opinião, é a síndrome do impostor.

Eu tenho amizade de longa data com a minha síndrome do impostor. Costumo dizer que ela está comigo desde que nasci. Nunca tive as condições necessárias para estar onde eu queria estar ou fazer o que eu almejava por causa da minha situação econômica e social, então ela sempre me dizia que eu não deveria estar ali, mesmo quando lá estava por meus próprios méritos.

Mas eu aprendi a lidar com ela e desenvolvi um método para isso. Quando ela ganha força, eu a coloco do meu lado e assino um contrato com ela.

Sim, eu contrato a síndrome do impostor, eu a coloco para trabalhar para mim!

E como é isso?

Funciona assim: eu uso o meu impostor como trampolim para superar meus desafios. Pego meus medos, minhas inseguranças, meu complexo de inferioridade e minha baixa autoestima (quando ela aparece), olho bem para eles e digo assim: "Aaah, você está me desafiando? Está achando que eu não sou capaz? Pois eu vou lhe provar que eu sou capaz de fazer isso apesar de você me dizer o contrário!".

Eu uso os meus sabotadores como combustível para acelerar e provar que consigo aquilo que eu mesmo me dizia que não seria possível fazer. Faz sentido?

Agora mesmo estou vivendo isso. Estou organizando os meus conteúdos para fazer palestras e me preparando para me tornar palestrante, algo novo na minha vida. Estou fazendo cursos, aulas e buscando melhorar minha habilidade.

Mas tem uma voz lá no fundo desacreditando que vou conseguir. Ela fica me dizendo que não tenho o preparo de palco dos grandes oradores que conheço e com quem até convivo. Ela me lembra daquele cara famoso que me olhou atravessado quando contei sobre o meu novo projeto de palestrar. E ela fica, bem sutilmente, tentando implantar na minha mente que nunca serei como ele.

O que estou fazendo? Assinando um novo contrato com a minha síndrome do impostor atual. Eu a coloquei para trabalhar para mim porque me lembrei de que já vivi tudo isso lá no começo da minha jornada. Enfrentei dificuldades e medos muitos piores e superei todos. E agora minha síndrome do impostor está ao meu lado me desafiando, enquanto me lembro de que eu sou plenamente capaz de superar esse novo obstáculo.

Quando começo a duvidar de mim, crio gatilhos e suporte para que eu possa inverter a situação.

Por exemplo: em vez de deixar minha síndrome do impostor me dizer quem eu sou ou quem não sou, eu me antecipo e digo a ela o que precisa ser feito para acabar com a insegurança.

Se ela me diz que não sou um dos melhores palestrantes, eu digo que não sou *ainda*. Aceito a situação e traço um plano para chegar lá, buscando o conhecimento, fazendo cursos e treinando para ter tranquilidade para falar em público.

Outra situação é quando uso as frases "desmotivacionais" que já escutei e que teimam em grudar na mente (como "você até ganha dinheiro, mas vai perder tudo porque está gastando", "você trabalha tanto que nem pode adoecer!", "você está muito esnobe por causa desse negócio de ser empresário") para me motivar a provar que todas elas estão erradas.

Eu sou como você

Não sou imune aos meus sabotadores, eles ainda me afetam – como, talvez, possam estar afetando você neste exato momento. Mas eu aprendi a aceitá-los, a lidar com eles e a contratá-los para trabalhar para mim. Eu me coloco naquela posição de criança teimosa que diz "está duvidando que eu faço isso? Então vou lhe mostrar que eu consigo!"

Logo depois que meu filho Arthur morreu, em 2011, eu cheguei a pesar 132 quilos. Tinha passado por muita coisa difícil, foram três anos de luta contra um câncer agressivo e incurável. Eu sou um resolvedor de problemas, mas fiquei de frente com um que não conseguia resolver. Então, a conta chegou.

Junto com os mais de 130 quilos, veio uma crise de ansiedade que fez minha mente e meu corpo simularem um infarto. Enfrentei um susto grande, achei que fosse morrer. Voltei do hospital com receita psiquiátrica de ansiolítico, mas os remédios me davam uma espécie de *delay*, me deixavam devagar, entorpecido, esquisito.

Eu decidi que aquilo não poderia continuar daquele jeito. Eu precisava viver!

Li alguns livros sobre ansiedade e um deles falava sobre a prática esportiva e mencionava a importância de criar um objetivo e uma meta específica para tratar o problema. De repente, tudo ficou muito claro: eu resolvi que correria uma maratona.

Nessa hora, a minha velha amiga síndrome do impostor veio para deixar claro que eu estava obeso e me lembrar de que eu não corria nem 100 metros, então como correria uma meia-maratona?

Mas eu a desafiei. E acreditei mais em mim do que nela.

Comecei correndo 50, depois 100 metros. Em algum tempo, estava correndo um quilômetro, dois, três, cinco... Comecei a fazer corridas de rua de cinco e de dez quilômetros e tomei gosto pelo esporte.

Perdi 30 quilos e passei a organizar a minha agenda de trabalho pelo país com as corridas que aconteciam nesses lugares aos fins de semana.

Ainda assim, lembro que um grupo de amigos debochou de mim, ficou tirando onda, duvidando da minha vontade de participar de uma corrida de longa distância. Mas, a cada vez que duvidam de mim, eu uso isso para me fortalecer. Não me ofendo, não fico com raiva, só uso isso como combustível para seguir em frente.

Comecei a treinar para a meia-maratona. Em menos de um ano de preparação, corri a meia-maratona internacional de São Paulo, uma prova de 21 quilômetros. Depois, participei das maratonas de Maceió e de Brasília, atingindo a linha de chegada em todas elas.

Não virei atleta, precisei deixar de participar das grandes corridas porque lesionei o tendão, mas fiz o que me prometi, cumpri a jornada a que me dispus, e nunca mais engordei aqueles 30 quilos perdidos.

Isso tudo me refez como pessoa, e hoje tenho convicção de que grandes reveses da vida podem ser superados com grandes desafios e metas.

Supere-se

Ao trilhar o caminho do empreendedorismo, é essencial se vacinar contra todo tipo de sabotador. Não é preciso negá-los, pelo contrário, aceite que eles existem. Mas chame-os pelo nome, convide para se sentarem à mesa com você, tenha uma conversa franca com cada um deles.

É assim que eles vão perdendo força, diminuindo de tamanho e suas vozes vão se enfraquecendo. No final, serão só uma lembrança meio apagada na sua mente e não o vão fazer desistir fácil de seus projetos.

No começo vai ser mais complexo, mas com o tempo fica mais fácil. E você vai aprendendo, inclusive, a se prevenir de novos sabotadores antes que eles se instalem no futuro.

Para criar sistemas de autoproteção, você pode tomar algumas medidas. Por exemplo, afastar-se de pessoas negativas, ser seletivo com quem é capaz de influenciar você, reconhecer as suas habilidades para fortalecer a autoconfiança, desenvolver resiliência e "casca grossa", separar fatos de opiniões sem embasamento, focar o seu resultado e celebrar cada conquista.

Inclusive, celebrar cada pequena vitória é tão importante que terá um capítulo inteiro sobre isso mais à frente.

Por ora, espero que você tenha entendido a importância de fazer a sua síndrome do impostor trabalhar para você e não contra você. No próximo capítulo, eu vou incentivar você a ser surpreendente nas suas entregas para encantar as pessoas e, assim, plantar sementes de oportunidades futuras.

Ckecklist

- Esteja aberto ao feedback construtivo e use-o para fazer melhorias, mas ignore os especialistas em pitaco.
- Construa uma rede de apoio para incentivá-lo e mantê-lo motivado nos momentos de dúvida.
- Acompanhe as mudanças em sua área de atuação e tente antecipar desafios futuros.
- Esteja preparado para ajustar estratégias e abordagens à medida que novas situações surgirem.

Leia o QR Code para acessar a plataforma de gamificação e ampliar seu conhecimento sobre o assunto deste capítulo.

https://qrco.de/fabricante11

Surpreenda!

capítulo 12

Lá atrás, quando Fábio tomou a decisão de empreender e inaugurar uma cafeteria com o dinheiro que recebeu após a demissão, imaginava que o foco do negócio seria a venda de café de vários tipos, lanches rápidos e algumas opções de tortas doces. O objetivo era atender aos pacientes das clínicas da redondeza e clientes do comércio local, que lotavam a região durante os dias de semana.

Antes de se tornar empresário, nunca passou pela cabeça dele que café, torta, lanches ou qualquer outro produto do cardápio não seria, de fato, a sua entrega principal.

Ele foi aos poucos descobrindo que o cliente não compra a bebida, mas a experiência de saborear um cafezinho especial do produtor local, moído e coado na hora enquanto consegue fechar um bom negócio. Entendeu que não era apenas o sabor das tortas o maior diferencial, mas o fato de oferecê-las com um creme especial da casa que o cliente não estava esperando como acompanhamento.

Sim, esta é a grande magia: surpreender as pessoas e entregar muito mais do que elas estavam esperando.

Parece um pouco cansativo ter de ser surpreendente e inovador o tempo todo? Bem-vindo à realidade do século XXI, querido leitor!

★ ★ ★

Imagine que você está passeando de carro por uma estrada bucólica quando, a certa altura, encontra uma linda paisagem. Ao seu lado direito,

Fazer com que seus projetos e o seu negócio sejam notáveis e surpreender as pessoas é o caminho para continuar seguindo neste mundo tão competitivo. E se o mundo está assim tão competitivo, você deve também ser dinâmico para criar coisas interessantes e novas. Caso contrário, fica tudo muito chato e tedioso e – adivinhe? – os clientes fogem da chatice e do tédio.

E sabe de uma coisa? Não faltam ideias notáveis para você aplicar agora mesmo. O mundo das ideias é ilimitado! Mas talvez falte um empenho de algumas pessoas para pensar um pouquinho e fazer algo diferente.

O poder de ir além

Mais do que satisfazer necessidades, o mundo dos negócios hoje pede encantamento. E não precisa ser altamente disruptivo ou tecnológico para encantar alguém. Basta conhecer bem essa pessoa e entender o que vai superar a expectativa dela.

Vamos a um exemplo?

Imagine que seu carro teve uma pane e simplesmente parou de funcionar em uma área bem movimentada da cidade. Está um calor infernal! Seus nervos estão à flor da pele, você tem uma reunião importante dali a pouco. O jeito é ligar para a seguradora para resolver o problema.

A atendente, do outro lado da linha, pede informações sobre o que aconteceu e diz que seu carro vai precisar ser guinchado até uma oficina mecânica especializada. Mais essa! Não tem jeito, você vai precisar reagendar a reunião. Com certeza vai ficar horas esperando até o guincho chegar...

Para a sua grande surpresa, poucos minutos depois chega um funcionário da seguradora e lhe entrega uma sacola de papel muito bem embalada. Dentro, um sanduíche, uma maçã e um suco bem gelado. "Nossa, que cuidado da empresa comigo", você não consegue deixar de dizer ao homem que acabou de chegar.

Mas não era só isso. O funcionário sorri e diz, amigavelmente, que ele vai ficar ali esperando o guincho buscar seu carro enquanto você pode ir com o motorista que o trouxe até o seu compromisso. Por essa você não esperava *mesmo!*

Qual o valor de se sentir especial? Quanto vale saber que a empresa com a qual você fez negócio se preocupou com você, levando um suco gelado naquele dia em que o sol estava a pino no céu e o calor era de rachar? E quanto vale não perder a reunião para a qual você tanto se preparou e que pode transformar a sua vida profissional?

Não é Mastercard, mas nada disso tem preço.

Isso é surpreender positivamente o cliente. É agregar serviços, atendimento diferenciado e até presentes que façam com que as pessoas só consigam pensar que fizeram uma boa compra. E não precisa ser nada fora do comum. Basta conhecer muito bem as necessidades das pessoas e encontrar uma maneira de entregar mais do que elas esperam.

Depois dessa experiência com a seguradora no episódio do carro quebrado, quem teria sua preferência na hora de renovar o seguro?

A magia da surpresa

Nunca subestime o poder de surpreender. É aí que mora o encantamento. Quando nos esforçamos para superar as expectativas, abrimos portas cuja existência nem imaginamos. Além disso, nos desafiamos a ser criativos e inovadores, a dar o nosso melhor sempre e explorar outros jeitos de fazer as coisas, elevando o padrão de nossas entregas.

Surpreender não tem só a ver com dar algo a mais que o combinado. É oferecer uma experiência única e autêntica. Adicionar um toque pessoal a algo corriqueiro e transformar o comum em extraordinário.

Quando você faz tudo com o coração, fica mais fácil ser surpreendente. Se você ainda é pequeno no mundo dos negócios, aproveite para fazer o que os grandes não conseguem. Mas, quando for grande, nunca se esqueça de proporcionar experiências como se fosse pequeno.

Entregar mais do que o esperado também não é só benéfico para os outros, é algo que enriquece a nossa própria jornada. Quando eu me esforço para deixar uma marca positiva por onde passo, eu também encontro satisfação e crescimento pessoal. Cada entrega significa uma o verde da natureza impressiona, e um rebanho de vacas malhadas bem gordinhas está pastando tranquilamente por ali.

No começo, seus olhos se voltam para observar aquela cena. Como mora na cidade grande, não é todo dia que vê aquela cena digna de filme. Mas, passados cinco minutos, nada muda. A paisagem é a mesma, as vaquinhas são as mesmas, até o padrão de cores delas é o mesmo, e você já não se impressiona mais. Até que, no meio do rebanho, você vê uma vaca roxa.

Uma vaca roxa? Como assim?! Por mais estranho que pareça, é impossível não a notar naquele ambiente. Óbvio, é da natureza de uma vaca roxa ser notável em meio a tantas vacas malhadas iguais.

É dessa maneira que o autor Seth Godin, autor de *Vaca roxa: como transformar o seu negócio e se destacar dos concorrentes*, exemplifica o cenário dos negócios atual e o modo como os consumidores se comportam em um cenário de alta concorrência e excesso de possibilidade de escolhas.[35]

Esse livro não é novo, tem mais de duas décadas desde a primeira edição, mas permanece extremamente atual por um simples motivo: as pessoas parecem não ter entendido ainda que para se destacar em qualquer área não basta fazer o que todo mundo está esperando, mas entregar além do que se espera, surpreender, ser diferente e inovador nas coisas mais simples.

E os pequenos negócios levam vantagem nesse cenário. É mais fácil encantar o cliente e entregar mais do que ele espera porque eles estão mais próximos, você conversa com eles, olha em seus olhos. Por isso, pode superar suas expectativas.

Seth Godin diz que se você não é gigante no seu segmento, pode ser notável por suas diferenças para um grupo específico de pessoas, desde que consiga atraí-las do jeito certo. A fórmula antiga de resolver problemas das pessoas ou vender o que elas buscam não funciona mais, pois elas estão atoladas em uma imensidão de ofertas iguais e não têm mais tanto disponível.

---

[35] GODIN, S. **A vaca roxa**: como transformar o seu negócio e se destacar dos concorrentes. Tradução de: Valeria Chamon Osborne. Rio de Janeiro: Best Business, 2022.

Mais do que satisfazer necessidades, o mundo dos negócios hoje pede encantamento.

@claudio_saints

oportunidade de eu fazer o meu melhor e ter a chance de brilhar. A mágica da surpresa acontece quando nos permitimos nos doar mais.

Como ser surpreendente?

Está bem claro que, nos negócios, cumprir os combinados é o básico. Ter qualidade em tudo o que vende, faz e entrega é o outro básico. Nada disso é diferencial hoje em dia. Para se destacar e ser lembrado, é preciso ir além e nunca, absolutamente nunca, entregar apenas o que esperam de você. Ultrapassar os limites do convencional é o que vai fazer você construir uma marca memorável.

Mas, como fazer isso?

Claro que cada pessoa e cada negócio é um e, se é para surpreender, você vai saber como fazer olhando para as suas possibilidades, ouvindo seus clientes e concretizando suas boas ideias. Mas vou lhe dar uma mãozinha com algumas dicas aqui.

- *Vá além do óbvio.* Quando você tem um negócio, faz uma série de promessas. Seu produto tem uma promessa de qualidade, seu serviço tem uma promessa de entrega, sua consultoria tem uma promessa de resultado, e por aí vai. Quem compra de você ou contrata seus serviços já espera alguma coisa, cria uma expectativa imediata com base nas promessas que você fez. Então, basta um pequeno esforço de criatividade e inovação para você ultrapassar o óbvio. Ser surpreendente para clientes, parceiros ou colaboradores é fazer algo que ninguém estava esperando.
- *Faça o que não estão fazendo.* Encontre coisas que não foram feitas no seu segmento ou que os concorrentes estão deixando de lado e faça antes de todo mundo. Seus clientes vão amar perceber que você é diferente.
- *Ofereça algo a mais.* Pequenos mimos ou presentes fazem diferença na hora da entrega ou até depois. Pode ser um atendimento personalizado, um brinde especial ou um serviço adicional

que não estava previsto. Todo mundo gosta de ganhar mais do que pagou.
- *Antecipe-se às necessidades.* Ao conhecer profundamente o seu público, você consegue identificar demandas futuras. E, assim, pode se preparar para atender uma necessidade que você já sabe que vai surgir. O segredo aqui para surpreender é estar preparado para oferecer e entregar soluções antes mesmo que as pessoas percebam que precisam delas.
- *Exceda a qualidade.* Qualidade, por si só, não é algo surpreendente. Mas entregar uma qualidade superior à expectativa, investir em excelência em tudo o que se faz, isso, sim, é. Suas entregas devem superar o padrão do mercado e mostrar para o seu cliente que você tem um carinho especial por ele.
- *Valorize o relacionamento.* Não queira ter clientes, queira ter amigos, parceiros, aliados. Invista no relacionamento com eles para criar conexões verdadeiras e duradouras. Mostre que você se importa e que está comprometido a entregar o melhor, sempre.
- *Supere suas próprias expectativas.* Quando achar que está bom demais, desafie-se. Eleve constantemente o nível de suas entregas para você mesmo encontrar satisfação e propósito no que faz. É gratificante perceber que estamos sempre em evolução. Então, aprimore as suas habilidades e capacidades para oferecer sempre o melhor.
- *Crie um produto ou serviço "vaca roxa".* Como ensina Seth Godin,[36] contrarie a manada e destaque-se dela ao fazer algo que ninguém tem coragem. Assim você vai não só atrair as pessoas certas, mas surpreendê-las com a sua determinação.

A surpresa positiva ajuda a transformar os seus clientes em defensores da sua marca; os parceiros, em colaboradores leais; e simples projetos se tornam grandes histórias de sucesso.

---

[36] GODIN, S. *op. cit.*

⋆ ★ ⋆

Eram cinco e meia da tarde naquela segunda-feira. O sol estava começando a dar sinais de que iria embora dali a pouco, e Fábio aproveitou que a cafeteria estava tranquila naquele horário para se sentar na varanda e saborear um café. Na xícara, a escolha foi pela bebida feita com os grãos produzidos na fazenda da cidade vizinha, cujo produtor ele fez questão de visitar no mês anterior.

Olhando para o horizonte, chegou a dizer em voz alta: "Quanta coisa mudou nesses últimos meses... Como eu mesmo tenho mudado desde que decidi buscar outras possibilidades para a minha vida!".

O próximo pensamento não poderia ser outro: *O que será que ainda está por vir?*

⋆ ★ ⋆

Checklist

- Faça uma pesquisa com seu público e identifique suas necessidades, seus desejos e suas expectativas em relação ao seu negócio.
- Depois, identifique algo que não está sendo feito e você poderia fazer com os recursos que tem disponível hoje.
- Olhe para os seus concorrentes e entenda como você pode se diferenciar, fazendo algo que eles não fazem.
- Sempre que possível, personalize as suas ofertas e encante seus clientes.

Leia o QR Code para acessar a plataforma de gamificação e ampliar seu conhecimento sobre o assunto deste capítulo.

https://qrco.de/fabricante12

O segredo para surpreender é estar preparado para oferecer e entregar soluções antes mesmo que as pessoas percebam que precisam delas.

@claudio_saints

O poder das pequenas vitórias

capítulo 13

Sonhar grande e sonhar pequeno dá o mesmo trabalho, diz Jorge Paulo Lemann, um dos homens mais ricos do Brasil e do mundo.[37] Sim, essa é uma grande verdade. Precisamos ter metas grandiosas para fabricarmos as nossas próprias oportunidades na vida, rompendo limites e criando para nós um futuro brilhante desde sempre.

Mas sonhar grande não significa desprezar as pequenas conquistas. Muito pelo contrário! É na celebração das vitórias do dia a dia que ganhamos impulso para continuar até alcançar as grandes realizações.

E tudo isso não é coisa da minha cabeça, não. Existem vários estudos da Psicologia Comportamental e da Análise do Comportamento que mostram o quanto a comemoração das pequenas vitórias é importante para o nosso crescimento profissional.

Para resumir, funciona assim: quando temos um pequeno objetivo e conseguimos alcançá-lo, ficamos motivados para estabelecer a próxima meta e a cumpri-la. Essa motivação vem acompanhada do sentimento de que somos capazes e da poderosa frase de duas palavrinhas "eu consigo".

O nosso cérebro guarda de modo mais fácil as memórias associadas a emoções. Então, a celebração de todas as conquistas – mesmo as pequenas – é importante para criar esses marcos em nossa trajetória e nos motivar para estar sempre em movimento.

---

[37] 10 FATOS sobre Jorge Paulo Lemann, o homem mais rico do Brasil. **G1**, 6 ago. 2017. Disponível em: https://g1.globo.com/economia/noticia/10-fatos-sobre-jorge-paulo-lemann-o-homem-mais-rico-do-brasil.ghtml. Acesso em: 09 fev. 2024.

O ato de comemorar ativa a dopamina, um importante neurotransmissor que atua no sistema nervoso central dos humanos e que está associado a várias funções biológicas, entre elas a regulação de emoções e a sensação de satisfação e recompensa.

Por isso, nem precisa terminar de ler este capítulo para você responder a si, agora mesmo: "O que vou comemorar hoje?".

Comemore, mesmo sozinho!

Desde menino, eu tenho o costume de celebrar os meus sucessos – até, talvez, porque eu não tinha tanta coisa assim para comemorar. Muitas vezes eu saía balançando as mãos para o ar, rindo à toa, sem me importar se estavam me achando um doido de pedra. Era um hábito que desenvolvi de comemorar comigo mesmo.

Quando eu comecei a empreender, vivendo aquelas dificuldades do início, muitas vezes eu voltava para casa no ônibus falando sozinho, dizendo até em voz alta: "$#^&, você é o cara. Você conseguiu!".

Particularmente, eu me lembro de quando cheguei a Portugal, no momento em que desci do avião já como empresário. Eu aluguei um carro, saí com ele do aeroporto e comecei a ver aquele lugar diferente, onde eu já havia estado uns três anos antes como turista, mas agora voltando como dono de negócio transcontinental. Quando eu me dei conta do que estava acontecendo, percebi a proporção e a grandeza daquilo na minha vida, parei o carro, saí dele, sentei no capô e fiquei olhando ao redor, festejando sozinho ali naquele lugar. Deixei a felicidade me invadir e agradeci a Deus e ao universo por tudo o que eu conquistei.

Para mim, aquela era uma grande vitória. Mas ela foi feita de pequenos passos que sempre foram festejados muitas vezes comigo mesmo. Como prêmio, eu me pagava um almoço especial ou convidava uma pessoa que não tinha nada a ver com aquele projeto para brindar até com um copo de suco, ou chamava a pessoa para ir comigo visitar algum lugar diferente...

O importante é que nunca deixei de celebrar, e minhas maiores "festas" foram as solitárias mesmo. Sinto que ganho uma energia extra simplesmente em fechar o punho e dar murros no ar, simbolizando minha força. Agradeço a mim mesmo por não ter desistido, por persistir até alcançar aquela pequena vitória.

O princípio do progresso

Todos os dias, temos várias oportunidades de vivenciar pequenas conquistas. E são esses objetivos menores devidamente celebrados que nos impulsionam a continuar. Além disso, fazer pequenos progressos em trabalhos significativos deixa nosso cérebro mais feliz, o que ajuda na motivação, na criatividade e na produtividade.

E atenção para este detalhe: o progresso precisa ter significado para quem o realiza. Quem disse isso foi a pesquisadora Teresa Amabile, da Escola de Negócios de Harvard, nos Estados Unidos. E ela batizou o método estudado de "o princípio do progresso", uma descoberta que fez junto com o estudioso Steven J. Kramer. Os dois pesquisaram mais de 12 mil relatórios diários de funcionários de empresas que exerciam atividades criativas e chegaram a algumas conclusões interessantes. Ela diz, em artigo publicado na revista Harvard Business Review:

> De todas as coisas que podem aumentar as emoções, a motivação e as percepções durante um dia de trabalho, a mais importante é fazer progressos num trabalho significativo. E quanto mais frequentemente as pessoas experimentam essa sensação de progresso, maior é a probabilidade de serem criativamente produtivas a longo prazo. Quer estejam a tentar resolver um grande mistério científico ou simplesmente a produzir um produto ou serviço de alta qualidade, o progresso diário – mesmo uma pequena vitória – pode fazer toda a diferença na forma como se sentem e no seu desempenho.

Ou seja, são as pequenas conquistas que promovem a produtividade criativa a longo prazo, segundo a pesquisadora. Mas para que esse princípio funcione de fato, Tereza enfatiza que a atividade deve ter significado especial para a pessoa que a realiza.

Steve Jobs, o fundador da Apple, sabia disso!

Em 1983, ele tentava convencer o executivo americano John Sculley a deixar uma carreira de sucesso à frente da PepsiCo e aceitar o cargo de CEO da Apple. Diz a lenda que Jobs teria perguntado a ele: "Você quer passar o resto da vida vendendo água com açúcar ou quer uma chance de mudar o mundo?". Com essas palavras, Jobs aproveitou uma força psicológica muito poderosa: o profundo desejo do ser humano de deixar um legado nesta vida.[38]

No entanto, não é preciso ter a vontade de mudar o mundo inteiro para que uma atividade tenha significado pessoal. No dia a dia do empreendedor, por exemplo, a felicidade pode estar no simples fato de conseguir terminar uma planilha financeira, ou bater a meta de vendas do mês, ou, ainda, aprender a usar uma ferramenta digital nova que vai facilitar o próprio trabalho.

O importante é que o princípio do progresso seja visível, tangível. Se a pessoa consegue perceber a pequena vitória, ela fica motivada e feliz ao final do dia e mais empenhada para o trabalho do dia seguinte.

Reconhecendo as suas conquistas

Na trilogia de livros *Geração de valor*,[39] o autor e empresário Flávio Augusto fala da importância de celebrar todas as conquistas, independentemente do tamanho de cada uma delas.

Primeiro, é preciso reconhecer a vitória. Ficamos tão focados nos nossos objetivos grandiosos para o futuro que nos esquecemos de apreciar o que já alcançamos. E comemorar é uma maneira de lembrar que aquele passo, por menor que seja, é importante na grande caminhada.

Ao comemorar cada conquista, iniciamos um ciclo de motivação positiva. Essas pequenas vitórias geram confiança e motivação para enfrentar desafios maiores, e é essa energia positiva que nos impulsiona a perseguir metas cada vez mais ambiciosas.

---

38 GREGO, M. John Sculley: "Seria doloroso ler a biografia de Steve Jobs". **Exame**, 21 jun. 2012. Disponível em: https://exame.com/tecnologia/john-sculley-seria-doloroso-ler-a-biografia-de-steve-jobs/. Acesso em: 04 dez. 2023.
39 SILVA, F. **Geração de valor: volumes 1, 2 e 3**. São Paulo: Buzz, 2020.

Sonhar grande não significa desprezar as pequenas conquistas.

@claudio_saints

Nesse processo, Flávio Augusto lembra que é importante cultivar a gratidão, pois ela é um dos pilares da mentalidade de sucesso. E não precisamos ser gratos apenas pelas nossas vitórias, mas também por todas as oportunidades que aparecem em nossa vida. Celebrar as conquistas é também uma maneira de ser grato consigo mesmo.

Assim, também fortalecemos os nossos relacionamentos. Tudo bem comemorar sozinho! Mas se você compartilha as suas realizações com seus amigos, colegas de trabalho e familiares, você contagia a todos com o seu entusiasmo. Além disso, cria um senso de comunidade e de apoio, inspirando todos ao seu redor a buscar seus próprios objetivos.

O caminho para o sucesso de qualquer empreendedor sempre será repleto de desafios e obstáculos. E é por isso que comemorar as pequenas vitórias fortalecerá a resistência e a determinação para continuar nos momentos em que tudo parece difícil. As memórias das conquistas e dos desafios superados fazem o cérebro querer mais daquela emoção e ter força para continuar, mesmo diante das dificuldades.

No fim das contas, o ato de comemorar é mais que uma celebração, é uma estratégia para fortalecer a nossa mentalidade, nossa motivação e os nossos relacionamentos. Não é apenas valorizar alguma meta ou objetivo cumprido, mas gerar um ciclo de sucesso contínuo, dia após dia, para continuar progredindo.

Incentive você e o seu time

Cada um sabe o que cada conquista significa para si, mas, para não deixar passar batido aquela meta atingida ou aquele objetivo conquistado, é importante registrar cada marco a ser conquistado e como será a comemoração.

A celebração não precisa ser extravagante. Pode ser apenas separar um momento tranquilo de reflexão, fazer um brinde em silêncio consigo mesmo ou apenas reservar um momento íntimo para agradecer pela jornada vivida até o momento.

Que tal combinar com você mesmo o seguinte: "Se eu conseguir realizar XYZ, vou abrir um champagne e contar para todos os meus amigos!". Pode parecer algo bem banal, mas essa simples comemoração tem o poder de estabelecer um marco memorável.

O importante, sempre, é perceber o progresso, valorizar o esforço e reconhecer a trajetória que o trouxe até este ponto.

Demonstrar gratidão com aquelas pessoas que lhe deram apoio ao longo do caminho também é importante. Seja grato pelos amigos, pela família, pelos colegas e por todos os que acreditaram em sua visão e o incentivaram quando você mais precisava. A gratidão é uma poderosa força para o empreendedor. Ela alimenta a motivação, nutre a positividade e fortalece sua determinação. Quando você celebra suas vitórias e expressa gratidão, está construindo um ambiente emocional saudável que o ajuda a enfrentar os desafios futuros com confiança e otimismo.

Como empreendedor e líder, você também pode ajudar o seu time a progredir celebrando cada pequena conquista. Além de gerar mais felicidade no ambiente de trabalho, isso serve como feedback positivo e reforça o impacto que cada colaborador tem na evolução da empresa.

Algumas dicas de como fazer isso no seu negócio:

- Nas reuniões, separe um tempo em grupo para que cada pessoa do seu time compartilhe seus avanços pessoais e reconheça publicamente essas etapas alcançadas.
- Crie um espaço físico ou mesmo um canal digital para que os funcionários possam marcar seus progressos de modo visual. Algumas ferramentas de gestão de projetos já possuem essa prática incorporada ao sistema. Assim, é possível ser lembrado de conquistas passadas e receber reconhecimento de outras pessoas quando uma meta pessoal for atingida, o que aumenta muito a autoestima.
- Promova pequenos gestos ou celebrações ao final de cada semana ou de cada ciclo vivido. A celebração pode ser alguma comida especial ou mesmo um brinde virtual. O importante é sempre promover encerramentos de maneira positiva para melhorar a motivação para os próximos ciclos.
- Deixe as pessoas brilharem! Quando alguém superar uma dificuldade ou atingir uma meta pessoal, dê o devido valor e aten-

ção ao fato. E não pense nas celebrações como custo supérfluo, mas como investimento nas próximas realizações do time.

Quando se reconhece um trabalho bem feito, toda a equipe fica motivada. E não é dinheiro que motiva: é o reconhecimento do progresso e a valorização das pessoas que trabalham pela vontade de fazer algo com significado.

Para encerrar este capítulo, preciso deixar registrado aqui algo em que acredito muito, do fundo da minha alma. Comemorar cada pequena conquista é tão ou até mais importante que celebrar as grandes vitórias. Isso manda um sinal para os céus e para todo o universo de que somos gratos por tudo o que nos acontece, e a gratidão é o sentimento mais nobre de todos.

Coisas boas acontecem todos os dias para quem agradece pela vida que tem. Afinal, estar vivo é uma dádiva, e acordar neste mundo todos os dias é sempre a melhor oportunidade que todos temos para viver nosso máximo potencial.

Checklist

- Defina metas e marcos claros para a sua trajetória.
- Mantenha um registro das suas realizações e marcos alcançados.
- Reserve um tempo todos os dias para refletir sobre as coisas pelas quais é grato.
- Compartilhe suas vitórias com sua equipe, seus amigos e familiares.

Leia o QR Code para acessar a plataforma de gamificação e ampliar seu conhecimento sobre o assunto deste capítulo.

https://qrco.de/fabricante13

Todos os dias, temos várias oportunidades de vivenciar pequenas conquistas. E são esses objetivos menores devidamente celebrados que nos impulsionam a continuar.

@claudio_saints

Proporcione oportunidades

capítulo 14

O que será que ainda está por vir? Esse foi o pensamento de Fábio naquela tarde, sentado em sua cafeteria recentemente reformada, com seu café especial sobre a mesa.

Parece que foi ontem, mas foi uma vida atrás. De fato, foram poucos meses de intensas transformações desde que decidiu se tornar empreendedor e se aventurar por este mundo incerto em que as únicas certezas mesmo são o trabalho constante e a vontade de fazer dar certo a cada vez que o sol nasce.

Foram poucos meses, mas foi uma vida inteira, porque Fábio percebeu que toda a sua caminhada o levou para aquele instante. O momento em que poderia desfrutar de uma liberdade nunca antes sentida, um sentido de contribuição com o mundo que ele não havia experimentado.

Mesmo quando era funcionário CLT, ele já tinha alma de empreendedor, apesar de não saber disso.

Ele sempre se abriu para as possibilidades de crescimento.

Buscou títulos, sim, mas percebeu que o valor maior de todo estudo era o conhecimento.

Penou bastante, mas conseguiu firmar redes de relacionamento e networking com gente que agora pode chamar de amigos.

Passou a ser generoso com todos à sua volta, não apenas porque percebeu que era um bom negócio, mas por entender que isso o realizava por inteiro.

Quando precisou de ajuda, procurou quem sabia mais do que ele, com toda a humildade possível.

Aprendeu a olhar ao redor e se inspirar em quem tinha chegado antes para modelar as soluções e criar as suas próprias.

Passou a cuidar de sua mente, afinal agora sabe que os maiores inimigos moram na sua própria cabeça.

Inclusive, aceitou a existência da sua síndrome do impostor e deu um cargo para ela: o de "voz da superação dos medos".

Percebeu ao longo do caminho que as pessoas gostam de ser surpreendidas e que não é preciso ser algo grandioso, mas feito de coração.

Cada vitória, por menor que fosse, foi devidamente comemorada. Mesmo agora, a sós com o seu cafezinho na mesa. Um pequeno gesto de carinho consigo que representa um sonho realizado.

O próximo passo, então?

Não deixar o ciclo da prosperidade se encerrar.

Fábio entendeu que, a partir daí, os problemas não tinham acabado. Aliás, nunca vão acabar, pois assim é a vida, assim é o mundo do empreendedorismo. Mas agora ele sabe como lidar com todos os obstáculos, e o seu próximo desafio é compartilhar tudo o que sabe com quem está um degrau abaixo.

O sol terminou de se pôr no horizonte. Uma noite quente estava chegando, ao mesmo tempo em que uma leve brisa refrescava o ar.

Fábio sorriu.

Isso é o que ele entende por felicidade.

⋆ ★ ⋆

Neste momento, assim como o Fábio, estou contemplando a paisagem da minha varanda, em frente à lareira da sala. Faço isso do meu apartamento em Caldas da Rainha, uma cidade belíssima próxima a Óbidos, onde fica o parque tecnológico de Portugal, sede de uma das minhas empresas. É uma cidade medieval localizada na costa oeste, considerada a maravilha portuguesa. Aqui passo ao menos metade do ano, desde 2017. Também aqui escrevo estas linhas, já chegando ao final deste livro, e a sensação é de dever quase cumprido.

Quase, porque não acabou. Aliás, não é para acabar. Minha jornada continua, com tropeços e avanços, assim como a sua que está lendo estas páginas e todas as pessoas que empreendem no nosso país, inclusive o Fábio.

A esta altura você pode estar se perguntando: afinal, quem é o Fábio?

Eu respondo: sou eu mesmo. A história dele é bem semelhante, em essência, à minha trajetória desde que comecei a sonhar em ser empreendedor. E é também a história de centenas, talvez milhares de pessoas com as quais cruzei em meu caminho, que ousaram ser diferentes e fabricar as próprias oportunidades.

Conheço o Fábio por intermédio dos meus mentores, pois eles também vivem todas as agruras e delícias de serem donos de seus negócios.

Fábio não existe de fato, é um personagem criado para exemplificar a minha metodologia, que compartilho agora nesta que é a maior obra da minha vida. Mas, ao mesmo tempo, ele é muito real por ser um pedacinho de cada um de nós.

Ele entendeu, assim como eu entendi e divido com você agora, o maior de todos os ensinamentos que eu poderia compartilhar: ao proporcionar oportunidades às outras pessoas, você tem a chance de crescer e ser ainda maior do que já é.

Uma das maiores alegrias do ser humano é poder compartilhar e devolver ao mundo aquilo que recebemos. E uma das maneiras mais poderosas de fazer isso é criar oportunidades para outras pessoas. Ao estender a mão e oferecer chances de crescimento, não apenas estamos impactando positivamente a vida de quem recebe, mas também enriquecendo a nossa própria jornada.

Já contei que faço questão de ajudar quem se aproxima de mim, tanto meus funcionários quanto as pessoas que acreditam que a oportunidade buscada por elas está ao meu lado. Isso é algo que trago comigo desde muito novo, observando as atitudes da minha mãe, como já explicitei algumas vezes ao longo deste livro. Se sou o que sou, devo a ela. Uma pequena empreendedora com uma sabedoria grandiosa que poderia dar aula de resiliência e persistência.

Eu acredito verdadeiramente que é dividindo que se multiplica. Esse é o motivo de eu ter decidido escrever e publicar este livro, compartilhando o método que apliquei na minha vida, que se praticado com disciplina, é fundamental para o crescimento profissional.

Uma das maiores alegrias do ser humano é poder compartilhar e devolver ao mundo aquilo que recebemos. E uma das maneiras mais poderosas de fazer isso é criar oportunidades para outras pessoas.

@claudio_saints

Também tenho me dedicado a palestrar sobre este assunto e levar para muito mais gente o que entendi como sendo a mola mestra de todo o impulso necessário para qualquer pessoa mudar de vida: entender que oportunidades se fabricam e elas estão acessíveis para todas as pessoas. Não é sorte, não é caridade, não vem de mão beijada por parte de ninguém. Todos nós temos as ferramentas necessárias para transformarmos nossa vida ao internalizarmos que oportunidade é atitude!

Como venho dizendo, saí do *menos dois* na vida e, durante toda a minha história, trabalhei para criar as minhas oportunidades. Hoje, tenho muito orgulho de onde já cheguei: um empreendedor com negócios em quatro países (Brasil, Portugal, Argentina, Canadá) e caminhando para começar mais um projeto na Itália.

Empregamos diretamente mais de cinquenta pessoas e contratamos por demanda mais de 150 todos os anos. A Stepforma, nosso ambiente virtual de aprendizagem, já chegou a mais de 50 mil usuários e, em um futuro breve, deve chegar aos 100 mil.

Ajudo a formar pessoas em tecnologias educacionais para, depois, as contratar para nossos projetos – uma maneira de oportunizar a esses indivíduos um novo horizonte na vida. Além disso, pessoalmente mentoro e invisto em startups e recentemente assumi a posição de investidor premium na Bossa Nova, maior Venture Capital da América Latina.

Sou a prova viva de que as oportunidades se multiplicam quando decidimos compartilhar o que sabemos para que outras pessoas também possam entrar no ciclo do desenvolvimento e da transformação profissional.

Gerando e multiplicando valor

Não sou só eu que tenho a certeza de que devemos nos mobilizar para ajudar os outros a crescer. No livro *Geração de valor*,[40] Flávio Augusto fala de sua própria jornada empreendedora, que o levou a fundar a

---

[40] SILVA, F. *op. cit.*

bem-sucedida escola de inglês *Wise Up* e se tornar uma figura influente no mundo dos negócios no Brasil.

Flávio enfatiza a importância de compartilhar oportunidades com outras pessoas como um componente essencial para o crescimento pessoal e profissional. Ele destaca que, à medida que os empreendedores alcançam o sucesso, têm a responsabilidade de criar oportunidades para outros, ajudando-os a trilhar seu próprio caminho.

Gerar valor não significa olhar para o próprio umbigo e gerar oportunidades apenas para si. É partilhar seus conhecimentos, recursos e experiências para elevar a todos que estão por perto. É ser agente de mudança da própria realidade, e, mais ainda, da sociedade, contribuindo para a geração de valor de todo um ecossistema de negócios que será responsável pela mudança do mundo para melhor.

Estenda a mão

Eu não acredito que oportunidade se ganha. Acredito que oportunidade você produz, igualzinho em uma fábrica. E é com trabalho inteligente, atitude e mente aberta que se consegue isso.

Sim, eu sei que nem todos têm a energia propulsora necessária para dar o primeiro passo e sair do lugar em busca de transformação da própria vida. De certa maneira, essa energia é um presente que o universo oferece para algumas pessoas.

Minha proposta é que você também presenteie alguém doando um pouco da sua força. Quando decidimos compartilhar nossos aprendizados com outras pessoas, inicia-se um ciclo de crescimento.

Vamos raciocinar juntos?

Imagine um mundo onde o ato de criar oportunidades para os outros se torna uma prática comum. Nesse lugar, cada conquista pessoal se entrelaça com as realizações de um bairro, uma comunidade, uma cidade, e todos podem crescer juntos.

Quando "crescemos juntos" também somos mais realizados juntos e podemos criar ainda mais oportunidades justamente por nos entendermos como parte de algo maior. Nenhum empreendedor pode ser uma ilha. Sozinho, ninguém vai muito longe. É acompanhado que se multiplica a força, a energia, a validação e as novas possibilidades de horizontes.

Além disso, compartilhar saberes e oportunidades é um ato de generosidade que vai além do simples ato de doar. É uma maneira de empoderar, de abrir portas que antes estavam fechadas e de iluminar caminhos antes escuros. Quando compartilhamos uma oportunidade com alguém, estamos plantando sementes de prosperidade.

O ciclo virtuoso da generosidade

O que torna o ato de compartilhar oportunidades verdadeiramente especial é o ciclo virtuoso que ele desencadeia. Quando ajudamos e ensinamos aos outros a alcançar seu potencial, criamos um ambiente onde o sucesso de um indivíduo se reflete no sucesso de todos. É como lançar uma pedra em um lago tranquilo: as ondas de impacto se espalham, tocando vidas e criando um movimento de crescimento coletivo.

À medida que dividimos nosso conhecimento, também experimentamos um sentimento profundo de gratidão. Reconhecemos que nossas próprias jornadas foram moldadas por mentores, amigos, familiares e desconhecidos que acreditaram em nós e nos deram uma chance em algum momento. Retribuímos ao mundo o presente que ganhamos da vida.

Essa não é uma visão de ser caridoso ou benevolente pura e simplesmente. É uma atitude de trabalhar para o crescimento coletivo e incentivar que cada um busque a sua maneira de cavar as próprias oportunidades. Quando abrimos as portas para os outros, também escancaramos as portas para nós mesmos, desenhando um futuro no qual cada um tem um lugar e onde todos podem prosperar.

Por isso, hoje, meu conselho é: comprometa-se a ser um agente de mudança, a ser alguém que cria oportunidades não apenas para si, mas para todos ao seu redor. Você não apenas devolverá de alguma maneira o que a vida lhe proporcionou, mas também ajudará a construir um mundo onde todos possam crescer mais ainda, juntos, em solidariedade e gratidão.

Checklist

- Esteja consciente das oportunidades que surgem em sua vida e em seu círculo de influência.
- Identifique aquelas pessoas que podem se beneficiar dessas oportunidades e que estão dispostas a fazer o melhor uso delas.
- Conecte pessoas a oportunidades que vão facilitar a vida delas.
- Ofereça mentorias e apoio contínuo para garantir que essas oportunidades sejam aproveitadas ao máximo.
- Crie um movimento, inspire outros a também compartilharem oportunidades, criando um círculo virtuoso de crescimento.

Leia o QR Code para acessar a plataforma de gamificação e ampliar seu conhecimento sobre o assunto deste capítulo.

https://qrco.de/fabricante14

Quando ajudamos e ensinamos aos outros a alcançar seu potencial, criamos um ambiente onde o sucesso de um indivíduo se reflete no sucesso de todos.

@claudio_saints

Aceite o convite para ser maior do que você já é

capítulo 15

Por aquelas estradas, sempre tem alguém lhe dizendo *buen camino* onde quer que você esteja passando.

Bom caminho. É um mantra, quase uma ordem dita com toda a delicadeza do mundo para quem se aventura a percorrer o caminho de Santiago de Compostela, região da Galícia, norte da Espanha.

Com essa frase curta, muito é dito. É mais que uma saudação, é um desejo sincero de que a outra pessoa percorra o *seu* próprio caminho e encontre o que foi buscar naquela peregrinação.

Eu fiz o caminho de Santiago em 2022. Foi mais uma grande superação na minha vida, mais um *check* que dei na minha lista de conquistas, na busca por ser melhor a cada dia e de provar para mim mesmo que sou capaz de coisas que nunca poderia imaginar antes de elas acontecerem.

Vou contar mais sobre essa história, e você vai saber também o que ela tem a ver com empreendedorismo e com o título deste capítulo: aceite o convite para ser maior do que você já é! Antes, acho bom você saber o que é esse caminho de Santiago e porque fui até lá em um dos momentos mais delicados da minha vida.

O caminho de Santiago

Vários caminhos levam a Santiago de Compostela. São muitas rotas que passam por Portugal, França e Espanha e levam até o local onde estão sepultados os restos mortais de um dos apóstolos de Cristo, São Tiago.

Tiago, ou Santiago, tinha entendido ao pé da letra a ordem de Jesus de levar a sua palavra pelo mundo e foi pregar na região da então conhecida Hispania, no início do século primeiro da era cristã.

Para os peregrinos que hoje decidem percorrer até 800 quilômetros por aquelas estradas a pé ou de bicicleta, a jornada não é apenas espiritual, mas de reencontro consigo, de fé em si mesmo e na vida, e de redescobertas internas.

A história do caminho começa lá atrás, na Idade Média. Diz a lenda que o primeiro peregrino foi o rei Afonso II, governante de um pequeno reino cristão isolado entre as montanhas europeias, em 829. Ele havia recebido a informação sobre o encontro de um sepulcro escondido em um lugar ermo da Galícia e decidiu conferir ele mesmo se era o túmulo do apóstolo Tiago.

Desde então, centenas de milhares de pessoas ao longo dos séculos percorrem aquela rota – conhecida como caminho primitivo – ou as diversas outras que saem de lugares diferentes para chegar até Santiago de Compostela.

Aos meus 50 anos, decidi que queria fazer esse caminho. Seria uma maneira de provar a mim mesmo que, apesar de minhas várias limitações, também conseguiria superar mais esse desafio.

O meu caminho

Era julho de 2020 quando comecei a me preparar para viajar no ano seguinte. A ideia era fazer o caminho mais longo, de mais de 800 quilômetros, que começa na França.

Tudo ia bem nos treinos de longas caminhadas até que comecei a me sentir um pouco mal, mas não dei muita importância. Continuei mais alguns dias, intercalei com um pouco de repouso, só que o mal-estar não passava. Decidi ir ao hospital só por desencargo de consciência e me pediram alguns exames. No dia seguinte eu soube: tinha infartado!

Aí foi aquele susto. Fui de maca para a UTI, me levaram às pressas para o centro cirúrgico para fazer cateterismo – um procedimento para liberar a artéria entupida que impede o sangue de chegar ao coração.

No hospital, foram mais de vinte dias de internação, mas o maior problema começou depois.

Eu desenvolvi síndrome do pânico, foi uma resposta da minha mente para aquele susto, um transtorno pós-traumático que permaneceu. Tinha crises fortes de ansiedade e pensava que iria morrer a qualquer momento. Nem sozinho ao supermercado conseguia ir mais...

Fiz o tratamento com medicamentos e cuidei da cabeça. Para mim, foi mais um recomeço – sou um especialista em recomeços, lembra? Então disse para mim mesmo que seria só mais um dos tantos que já vivi.

O fato é que eu não podia conscientemente aceitar que o pânico me venceria. Demorou um pouco, não foi simples, mas fui vencendo mais esse sabotador da minha mente.

No ano seguinte, liberado dos remédios, recomecei a preparação para fazer o caminho de Santiago. Usava meus artifícios para me manter centrado, como ter uma caixinha de remédio no bolso só por segurança, mesmo sabendo que não usaria.

Mas, faltando uns trinta dias para a viagem, de novo comecei a passar mal. Mais uma ida ao hospital, mais um episódio de suspeita de infarto, mais uns dias na UTI. Felizmente, não estava infartando de novo, meus exames apenas tinham algumas alterações. Porém, os episódios de crise de pânico voltaram com força total.

Na minha cabeça, entendi aquilo como mais uma barreira limitante. Usei a técnica de contratar a síndrome do impostor de novo e pensei: *Ou eu supero isso e vou fazer a viagem, ou não vou nunca mais.* Eu me tratei, foquei o objetivo e, mesmo com um tanto de medo, fui para Portugal. Não daria para fazer o caminho maior como eu tinha planejado lá atrás, mas faria um caminho menor, de 144 quilômetros.

Na vida, é importante nos adaptarmos às circunstâncias e a nós mesmos. Não foi possível percorrer o caminho mais longo naquele momento, mas, de qualquer maneira, eu estava superando meus limites. Também imaginava fazer o caminho sozinho, porém percebi que me sentiria mais seguro se tivesse alguém comigo. Convidei minha esposa, Janaína, para ir comigo, e ela topou.

Não tive nenhuma crise no caminho. Fora as bolhas nos pés, assaduras nas pernas e calo nos ombros pelo peso da mochila (algo que todo peregrino coleciona), nada me tirou do eixo. E foi uma das melhores oportunidades da minha vida para entender quem eu realmente sou, o que quero da vida, o que penso da minha jornada até agora e como vejo o meu futuro.

O caminho do empreendedor

Hoje, percebo que o caminho de Santiago tem os mesmos desafios, perrengues e também as pequenas vitórias do caminho de um empreendedor. É uma estrada que, mesmo percorrida com companhia, é sempre solitária, pois cada um faz o seu caminho interior e chega aos seus próprios aprendizados.

Eu carregava uma mochila de 13 quilos que na chuva ganhava uns quilos a mais. No entanto, falo com certeza, a dificuldade maior está na cabeça das pessoas. Naquele lugar onde todos os caminhantes têm um objetivo particular para estar, não se vê ninguém de cara feia, reclamando do peso. No empreendedorismo também é assim: se você tem um propósito, as pedras do caminho não vão parar você. Podem no máximo atrasá-lo, mas você tem um porquê para continuar sempre, contornar os obstáculos, tentar novos percursos e comemorar suas conquistas.

Todo empreendedor precisa estar bem, tanto física quanto mentalmente. Para enxergar além do horizonte e ter disposição para encarar essa jornada até lá, é preciso estar bem com o corpo e com a mente.

Ao longo do caminho, você vai encontrar outros empresários, assim como encontrei outros peregrinos na minha viagem, e vai poder partilhar suas experiências e também ouvir e aprender com as de outras pessoas.

Valorizar o conhecimento faz toda a diferença. Antes de começar o meu trajeto até Santiago, busquei aprender com quem já tinha feito a jornada, e pude me preparar melhor: qual calçado usar, o que levar na mochila, até que tipo de meia escolher para evitar as bolhas nos pés. Da mesma maneira, o empreendedor deve buscar o conhecimento certo para cada etapa de seu caminho, tomando cuidado para não se desviar, dando ouvidos aos especialistas em nada!

As dificuldades sempre vão aparecer, mas, diante de qualquer uma delas, é preciso dar o nosso melhor. Isso por si só já faz uma diferença enorme porque nos dá motivação para comemorar até as menores conquistas e seguir em direção aos grandes objetivos.

Lá no caminho de Santiago, a cada cidade que chegávamos era motivo de celebração. Podia faltar muita caminhada pela frente, mas sempre era uma alegria descobrir que mais um trecho fora vencido. No final das contas, são essas memórias que ficam quando chegamos ao nosso destino como empreendedores, ou à nossa Santiago particular.

O caminho de Santiago também me ensinou que todos podem ser maiores do que já são. Cruzei com pessoas mais velhas, de 70 e até 80 anos, nas estradas. Em condições normais, pensamos que a essa altura da vida as pessoas não vão dar conta de caminhar sob sol forte ou chuva constante por muitos quilômetros todos os dias. Mas elas estavam ali, provando que são muito mais fortes e resilientes do que a sociedade julga.

A mochila mais pesada não é a que carregamos nas costas, é a que levamos na cabeça, no coração, na nossa consciência. Cada pessoa tem os próprios objetivos e limites a superar e, ao alcançar suas metas, pode, sim, comemorar, porque só ela sabe tudo o que representa chegar lá, mesmo com todas as limitações.

Você não precisa peregrinar pelo caminho de Santiago para aceitar o convite de ser muito maior do que já é. Apenas escolha o seu caminho e persista. Siga firme nele até alcançar o seu ponto de chegada e conquistar todos os seus objetivos.

Dê uma chance a você mesmo

Às vezes, a vida nos convida a dar um passo além, a sair da zona de conforto e a abraçar o desconhecido, ainda que tenhamos na bagagem muito medo e muitas incertezas. Mas é nesse momento que talvez sua melhor resposta para esse convite deve ser um "sim, eu posso fazer isso, não custa tentar!".

Somos capazes de coisas incríveis. Só que, em grande parte das vezes, nós mesmos duvidamos do nosso potencial. A oportunidade está ali, pedindo para ser abraçada, e não podemos dar mais ouvido aos sabotadores do que às vozes de encorajamento.

Eu, agora, lhe faço esse convite.

Dê uma chance a você mesmo. Dê uma chance aos seus sonhos e à sua capacidade de realizá-los. Adapte, ajuste, peça ajuda, estude, tenha mentores, e persista. Sempre persista. Não aceite o não antes de tentar. Entenda que sua origem não é seu destino. Você escolhe o seu caminhar e só você pode percorrê-lo.

Lembre-se de que o impossível não é um fato, é apenas a opinião de alguém, e isso geralmente fala mais das limitações do outro do que das suas. Com ferramentas, informações e atitudes corretas somos capazes de desmontar um bocado de pré-conceitos e abrir as portas de castelos que acreditávamos ser intransponíveis.

Ao final desta jornada, seja ela qual for, você será capaz de se orgulhar de tudo o que fez e viveu. Vai olhar para trás e ver que não aceitou a história que criaram para você. Pelo contrário, pegou papel e lápis e decidiu escrever, você mesmo, a narrativa da sua vida e do seu sucesso.

Checklist final

Checklist do autoconhecimento

- Identifique seus medos e limitações pessoais.
- Reflita sobre suas experiências passadas e como elas moldaram sua mentalidade.

Checklist da aceitação de fracassos

- Reconheça que o fracasso faz parte do seu processo de crescimento.
- Liste suas falhas passadas e as lições que aprendeu com cada uma delas.

Checklist da definição de metas audaciosas

- Estabeleça metas claras e desafios para sua vida pessoal e negócios.
- Crie um plano de ação para alcançar essas metas.

Checklist da mentalidade de crescimento

- Cultive uma mentalidade de aprendizado constante.
- Veja os desafios como oportunidades de crescimento.

Checklist da ação corajosa

- Identifique uma ação que o assusta, mas que o conduz em direção ao seu objetivo.
- Tome essa ação, mesmo que seja um passo pequeno.

Checklist da celebração de conquistas

- Reconheça e celebre cada pequena vitória ao longo do caminho.
- Mantenha um diário de suas realizações e conquistas.

Checklist do aprendizado contínuo

- Reserve tempo regularmente para aprender algo novo.
- Busque cursos, leituras ou mentores que possam ajudá-lo a crescer.

Checklist para inspirar outras pessoas

- Compartilhe suas experiências e seus aprendizados com os outros.
- Esteja disposto a ser um mentor ou apoiar colegas em suas jornadas.

Checklist da persistência

- Aceite que vai haver desafios e momentos difíceis.
- Mantenha sua determinação e continue avançando, mesmo quando enfrentar obstáculos.

Checklist da revisão regular

- Periodicamente, reveja seu progresso em direção a suas metas.
- Faça ajustes em seu plano conforme necessário.

Entenda que sua origem não é seu destino. Você escolhe o seu caminhar e só você pode percorrê-lo.

@claudio_saints

Para terminar (leia antes de fechar este livro)

capítulo 16

Eu menti para você!
Nem tudo está ao seu alcance. Nem tudo você pode mudar. Tem uma oportunidade que, por mais que você queira fabricar, você nunca vai conseguir, por mais boa vontade, energia e esforço que empregue.

Essa oportunidade que foge de qualquer controle seu é o tempo.

Ainda não inventaram uma máquina de fabricar minutos, multiplicar horas, estender momentos. Também não foi criada uma maneira de voltar no tempo e mudar o curso dos acontecimentos, não tem jeito de fazer de outro jeito o que já passou.

O tempo é soberano. Ele acontece e nós aceitamos. Se formos espertos, podemos acompanhar seu fluxo e aproveitar tudo o que ele nos oferece. Se o deixarmos passar, ele vai embora sem dó nem piedade. O que fica é memória.

Sabe aquele ditado que diz "cavalo selado não passa duas vezes na sua frente"? É uma maneira popular de dizer que as grandes oportunidades têm o tempo delas e não o seu. Você é quem precisa estar preparado para perceber o momento certo de fabricar a sua chance de mudar sua vida. Aqui você começa a ter controle: age antes e fica "esperto", digamos assim, para montar o cavalo quando ele passar.

A melhor hora para mudar de vida foi dez anos atrás. A segunda melhor hora é agora, porque é o momento em que você toma consciência da possibilidade. E como não se fabrica tempo, talvez nunca exista a terceira melhor hora.

E continuando no modo sinceridade máxima, preciso lhe dizer que, ainda que não tenhamos controle nenhum sobre o tempo, ele sempre está nos esperando. A qualquer hora é possível recomeçar porque ele, o tempo, não guarda mágoas, não fica chateado com os nossos erros do passado.

Não vou cantar a ladainha de que "se eu consegui você também consegue" porque eu estaria sendo hipócrita: você já me conhece bem, mas eu ainda não o conheço. Não sei qual é a sua realidade hoje, não sei de suas dores e limitações. Mas já vivi o suficiente para saber que vontade quando combinada com oportunidade (que pode ser fabricada!) é a receita para promover revoluções antes julgadas impossíveis.

Exemplos de pessoas que fizeram isso não faltam. Você conheceu toda a minha história neste livro e também a de várias pessoas que fabricaram oportunidades a partir do absoluto nada. Se você cair na tentação do vitimismo e ficar pensando que não vai dar certo por causa de n motivos, eu o convido a inverter a polaridade agora do seu pensamento.

Em vez de pensar que não vai dar certo, que tal pensar que vai dar certo? Em vez de pensar que você não é capaz, por que não dizer em alto e bom som que você vai dar conta, que é capaz, que pode e merece tudo e mais um pouco?

Minha missão é bem ousada: quero nada menos que desencadear uma revolução de oportunidades na vida das pessoas. Acredito, do fundo da minha alma, que cada indivíduo tem o potencial de moldar seu próprio destino e criar um futuro brilhante, independentemente da situação em que se encontra hoje.

Com o conhecimento e as ferramentas certas, imagino um mundo onde as limitações dão lugar à liberdade, onde o medo se transforma em coragem e onde os obstáculos são trampolins para o crescimento. Vejo um futuro em que as pessoas são donas e proprietárias de seu destino e capazes de se tornarem fabricantes de oportunidades.

Eu acredito que toda pessoa carrega o potencial de ser muito maior do que é, mesmo que esse potencial seja só uma pequena centelha bem escondida lá no fundo da alma. E acredito também que o empreendedorismo é a grande ferramenta para essa alavancagem porque ele dá liberdade.

PARA TERMINAR (LEIA ANTES DE FECHAR ESTE LIVRO)

Claro que existem os desafios, problemas, obstáculos. Mas a liberdade é provedora de oportunidades e também instrumento para superação de qualquer contrariedade.

Do lado de cá, com tudo o que compartilhei nestas páginas, se eu conseguir que apenas uma pessoa modifique o mundo dela a partir dos meus ensinamentos, serei o mais feliz dos homens. Essa única pessoa vai transformar a sua realidade e, por tabela, a de outras pessoas ao redor. E é como uma onda... Uma pessoa muda, depois ela ajuda o seu círculo mais próximo a mudar, depois transforma um grupo um pouco maior. E cada pessoa transformada vai reverberando a onda da mudança.

Acredito que as mulheres já fazem isso muito bem, e os homens poderiam aprender com elas a enxergar as coisas de maneira mais global e agir localmente para gerar impacto em escala.

O que fazer a partir de agora, então?

Bem, você está no finalzinho deste livro. Estas são as últimas palavras que deixo e espero que elas sirvam de motivação para você agir logo que fechar a última página.

O conhecimento e as ferramentas você já tem. Agora, precisa montar o seu plano de ação.

Sugiro que documente o seu plano de acordo com o checklist que deixei em cada capítulo e execute todas as etapas, com coragem e determinação. Não precisa correr de maneira desembestada, mas também não pare. Resolva um problema por vez, dê um passo, mesmo que pequeno, atrás do outro. Comemore cada pequena vitória, porque isso o motiva a entrar de cabeça no próximo desafio.

Não importa a sua idade. Se você é jovem, tem o benefício do ânimo e da curiosidade a seu favor. Se você é maduro, tem do seu lado a experiência, a resiliência e a sabedoria.

Inclusive, eu acredito muito na geração dos 50+. Sei que muita gente dessa idade está cansada, desanimada, até revoltada. Mas essas pessoas têm uma força enorme guardada no peito porque viveram em um mundo de escassez e agora conseguem enxergar a imensidão de oportunidades e facilidades deste mundo. Talvez, agora, só precisem de um pequeno chacoalhão para se mexer. Então, se "chacoalhe", dance, grite, crie e vá em frente!

De uma maneira ou de outra, faça o seu plano e siga. Mesmo que seja para ajustá-lo (afinal, não dá para ajustar um plano que não foi criado!). Faça isso por mim e por você. Não quero que este seja mais um livro para você ler, bater sua meta de leitura do ano e depois deixar empoeirando na estante.

Este é um guia prático para a sua mudança de vida, para ajudar você a criar oportunidades reais de transformação da sua realidade e das pessoas à sua volta. Então, preste bem atenção: se por qualquer motivo você não gostou deste livro ou me achou chato demais, dê este exemplar para outra pessoa. Talvez ele não sirva para você neste momento, mas pode ser uma grande oportunidade para alguém muito próximo. Não vou ficar chateado por isso, muito pelo contrário. Nossa amizade continua!

E se você chegou até aqui, nesta última página, convencido da sua capacidade de mudar o seu mundo, então você acredita em si mesmo. Do lado de cá, saiba que eu também acredito em você com todo o meu coração.

Não importa de onde você veio, nem o que você faz agora, menos ainda quanto dinheiro você tem na conta bancária. Todas as pessoas de sucesso que eu conheço, mesmo as mais improváveis, têm algo em comum: elas começam o dia agindo e não reagindo. Elas acordam mais cedo que os outros, ou estudam mais, ou têm coragem de executar suas ideias, ou ainda superam seus medos e agem apesar deles. Ou seja, todas têm atitude, não esperam nada acontecer. Elas fazem! E todas venceram e mudaram a própria vida porque decidiram, primeiro, mudar a vida de outras pessoas.

Por fim, quero que você reflita sobre a frase do poema *Invictus* que inspirou Nelson Mandela e que compartilhei com você lá na introdução deste livro. "Eu sou o senhor de meu destino, eu sou o capitão de minha alma."[41]

Em outras palavras: eu faço a minha história. Ela não é feita da opinião de ninguém nem pode ser contada por outras pessoas. Minha oportunidade é minha atitude!

A você, muita atitude e boas oportunidades!

---

[41] HENLEY, W. E. *op. cit.*

PARA TERMINAR (LEIA ANTES DE FECHAR ESTE LIVRO)

Leia o QR Code para acessar a plataforma de gamificação e ampliar seu conhecimento sobre o assunto deste capítulo.

https://qrco.de/fabricante16

Este livro foi impresso pela gráfica Santa Marta em papel lux cream 70g em **março de 2024**.